本当は大切だけど、誰も教えてくれない子ども対応35のこと

大前 暁政

明治図書

はじめに

「子ども対応」には、よい対応と悪い対応があります。

よい対応とは何か。それを紹介するのが、本書の役割です。


教師が情熱や愛情をもって接しているからといって、それが必ずしもよい対応とは限りません。


例えば、ある学校で、荒れた子に対して情熱と愛情をもって対応している教師がいました。親身に寄り添い、毎日熱心に指導しました。

その結果、ますます荒れがひどくなってしまいました。生活面でも学習面でも、問題行動が増加してしまったのです。

このような例は、少なくありません。「教育への情熱」や「子どもへの愛情」がいかに大きくとも、間違った対応をするとよくない結果を生み出してしまうのです。


「子ども対応」には、理論と方法があります。ところが、それを学ぶ機会は多くありません。

授業や学級経営を学ぶ研修は多くあります。しかし、「子ども対応」に特化した研修は、少ないのが現状です。

そのため、各教師は自分の経験を頼りに子どもに対応せざるを得なくなっています。

教師としての経験、自分がこれまでに受けてきた指導の経験。それら自分の経験から正しいと思える価値観や信念に沿って対応しているのです。

知らず知らずのうちに、過去に自分が受けてきた指導をそのままトレースしていることも少なくありません。自分が厳しく叱られてきたから、教員になった今、子どもたちも厳しく叱っている、といった具合です。

ここでの問題点は、それが「無意識」であることです。無意識に、自分の経験に沿った対応になってしまっているのです。そのため、**自分が正しいと信じている対応方法が万が一間違っていたら、今後も間違った対応をし続けることになってしまいます。**


私たち教師は、「子ども対応」の理論と方法を、学ぶ必要があります。

また、自分がもつ価値観、信念をも振り返る必要があります。

本書には様々な人物が登場します。私の経験が主なのですが、他の人物も登場します。失敗例が多いこともあり、事例をぼかすため、三人称の人物を登場させ、エピソードを紹介しています。

本書では、「子ども対応」に関して、教師が知っておくべき内容を数多く紹介しました。

本書が読者諸兄の「子ども対応」の参考になれば、これに勝る喜びはありません。

2025年1月

大前暁政

もくじ

Contents

第1章 本当は大切だけど、誰も教えてくれない【学級開きと子ども対応】3のこと

第2章 本当は大切だけど、誰も教えてくれない【子ども理解】5のこと

第3章 本当は大切だけど、誰も教えてくれない【子どもへの対応方法】6のこと

第4章 本当は大切だけど、誰も教えてくれない【集団づくりと個別指導】4のこと

第5章

本当は大切だけど、誰も教えてくれない
【子どもの自立を促す対応】5のこと

第6章 本当は大切だけど、誰も教えてくれない【子ども対応の方向性】6のこと

第7章 本当は大切だけど、誰も教えてくれない【教師の姿勢】6のこと

第1章

本当は大切だけど、誰も教えてくれない［学級開きと子ども対応］３のこと

1

「子どもの実態調査」には、大きな落とし穴がある

問題や課題は正確に把握したのに…

若いA先生は、「子ども理解」を、重視していました。

「子どもに適切に対応するには、まず『子ども理解』が正確にできないといけない」

そう考えていたからです。

そこで、4月の始業式前までに、「子どもの実態調査」を念入りに行っていました。

子どもに出会う前に、子どもの様子を正確に捉えておきたいという思いからでした。

そして、実態調査でわかったことは、詳細に記録していました。

「あの子は、算数の計算は得意だけど、漢字の習得は苦手」

「あの子は、友だちとの協調性に欠け、けんかやすれ違いなどのトラブルが多い」

「あの子は、生活習慣が身についておらず、よく忘れ物をしている」

このように、問題や課題を抱えている子ほど、綿密に記録するのが常でした。

なぜなら、問題や課題が多い子ほど、指導をきめ細かくしないといけないと考えていたからです。

そのため、毎年の調査記録には、子どもの問題や課題が羅列されることとなりました。

さて、４月に学級開きを迎え、子どもたちと出会います。

このとき、A先生は毎年同じことを思うのでした。

「自分が行った実態調査で記録した通りの姿を子どもたちが見せている」

「漢字が苦手だ」と記録していた子どもは、その通りに漢字が苦手でした。トラブルをよく起こすと記録した子は、毎日トラブルを起こしました。A先生には、そのように見えたのです。

A先生は、「自分の実態調査が正確に行われている」と、自信を深めました。そして、問題や課題の指導にあたるのでした。

しかも、A先生は熱意が人一倍あったので、子ども本人に直接、問題や課題を伝えることがありました。

「君は漢字が苦手なので、今年は漢字をがんばってできるようにしよう」

「君は、友だちと協力したり、つき合ったりするのが苦手なところがあるので、今年は友だちと仲良くすることを目標にしよう」

このように、A先生は子どもの問題や課題に注目しました。子どもがその問題や課題を克服すれば、成長できると信じていたからです。

子ども自身も、A先生に指摘された問題や課題に注目し、それを克服しようと努力を始めました。

ところが、**1年経過し、3月になっても、やはり同じような問題や課題を抱えたままであることが少なくなかった**のです。

相変わらず「漢字が苦手で、得意になるための努力を続けている」「友だちとのトラブルが多く、トラブルを起こさないように努力を続けている」といった具合です。

1年経っても、A先生には、子どもが成長したように見えなかったのです。

子ども本人も、自分が成長しているとは思っていないようでした。

①子どもの抱える問題や課題に過剰に焦点化するのを止める

学級開き前の実態調査に注力することは、大切です。

実態調査をするほど、子どもを正確に理解できるからです。

この「子ども理解」が正確なほど、子どもの実態に合わせた指導が可能になります。

このように、通常は「子ども理解」と言えば、「よいもの」「必ずすべきもの」と認知されています。

しかし、この「子ども理解」に落とし穴があることは、あまり意識されていません。

まず、最初の落とし穴は、次のことです。

教師の意識が、「子どもの問題や課題」に焦点化されてしまう。

熱意ある教師ほど、子どもの抱える問題や課題に意識が集中してしまいます。

その結果、**目に見える子どもの姿は、教師の意識が焦点化されたところばかりになって**

しまうのです。つまり、子どもの悪いところばかりが、目についてしまうのです。

もちろん、問題や課題を抱える子にも、長所や得意な分野、がんばっていることがあるはずです。しかし、「問題や課題が大きい」と教師が感じるほど、子どものよいところに注意が向かなくなってしまうのです。

この事例でも、同じことが起きています。

まず、教師の意識として、「子どもに問題や課題を克服させよう」と考えています。その結果、「現状、あの子は漢字が苦手だから、漢字の習得に力を入れて指導しよう」と思うわけです。そして、子どもにも、「問題や課題の現状」を伝えています。

すると、どうなるでしょうか。

教師も子どもも、現状の問題や課題のイメージがさらに強く意識されてしまいます。

子どもは思います。「自分は漢字が苦手な人間なのだ。そういう能力なのだ」と。

教師も思います。「この子は漢字が苦手なのだ。漢字の指導に苦労しそうだな」と。

そして、本当に漢字の習得に時間がかかるのです。なぜなら、子ども自身が「自分は漢字が苦手なのだ」と、現状を強くイメージしてしまっているからです。もし、漢字テストで100点を取ったとしても、それは偶然と考え、次のテストでは低い点数を取ってしまいます。**無意識のうちに、「自分が認識している現状」に戻ろうとしてしまう**のです。

教師も、「この子は漢字が苦手だ」という意識ですから、苦手なところばかりが見えてしまい、その子なりに成長しているところは見えなくなってしまうのです。

成長が見えないと、指導もうまくいきません。例えば、漢字が苦手な子であっても、「部首だけは覚えた」「一部の漢字だけは得意になった」という成長を見せることがあります。しかし、その「わずかな成長」が見えなくなるのです。そして、得意な部分を伸ばすという効果的な指導ができなくなるのです。

子どもの成長が見えなくなる理由は、「この子は漢字が苦手」という現状のイメージを教師が強くもっているからです。わずかな成長に気づいたとしても、偶然と考えてしまい、本当に指導に苦労することになってしまいます。

結局のところ、せっかく実態調査を念入りにしたのに、あまり効果的な指導にならないばかりか、弊害まで発生してしまっています。

このように、「子ども理解」は大切ですが、**子どもを理解するほどに、現状に子どもを縛ってしまう働きを生じてしまうことがある**のです。

≫ ②子どもの「よいところ」に焦点を当て、ポジティブなイメージを描く

冒頭の事例を解決する2つ目の策は、次のアプローチです。

学級開き前の実態調査で、子どものよいところに焦点化した調査を行う。

学級開き前に、前年度の引き継ぎが行われるはずです。普通は、前担任から直接話を聞く機会が設けられます。また、引き継ぎ文書を渡される場合もあります。

これらの引き継ぎでは、どちらかというと、子どもの抱える問題や課題に焦点化されることが多いでしょう。先ほど述べたように、熱意のある教師ほど、子どもの問題や課題を把握し、それを教育の力によって克服させることを意識しているからです。

だからこそ、前担任からの引き継ぎや引き継ぎ文書で、子どものよいところが強調されて伝えられることは少ないのです。

そこで、このルーティンで行われる引き継ぎとは別に、独自に実態調査を行うようにします。そして、**子どもの「よいところ」を、できるだけ多く集めるようにします。**

しかも、**前担任だけでなく、他の教員からも情報を集めます。**

例えば、生徒指導主事や養護教諭、教育相談担当、前年度同じ学年団だった教員、特別支援コーディネーター、管理職、などから情報を集めます。

私の場合、事務職員や放課後教室を行っている地域の方、保護者からも情報を集めることがありました。

また、前年度終わりの3月に、子どもが「来年度に向けた抱負」を作文に残していることがあります。その作文を引き継ぎで見せてもらうこともありました。

このように、**問題や課題を抱えている子どもほど、よいところに焦点化し、情報を集めるようにします。**しかも、様々な人に聞き取りすることで、**多面的な視点から、情報を集めます。**

こうして、学級開き前に、前担任が気づけなかった子どもの長所、昨年度までのがんばり、子どもの思いや願いなど、よいところに関する情報が集まります。

そして、学級開きまでに、その子に対して肯定的でプラスのイメージをもっておくようにします。つまり、子どもに対して、ポジティブなイメージを描いておくのです。

ポジティブなイメージを描いておくと、冒頭の事例とはまったく逆の現象が起きます。学級開きで子どもに出会ったとき、その子のよいところに、次々と気づけるようになるのです。

そして、去年までの問題や課題を抱えていた子どもとは、まったく別のイメージに見えてきます。**その子本来のよさに、教師が注目するようになったから**です。

問題や課題に焦点化したイメージを子どもに対してもってしまうと、そのイメージ通りの姿だけが、意識され、見えてしまいます。

これとは反対に、よいところに焦点化したイメージをもっておくと、子どものよい姿だけが見えてくるというわけです。

そして、そのよさをほめたり、認めたり、励ましたりする方向の指導が可能になるのです。

③悪い現状ではなく、「未来の成長した姿」をイメージさせる

冒頭の事例では、子どもの抱える問題や課題の克服を、子ども自身にさせたいと、教師が願っていました。

その願いが強いあまり、現状の問題や課題を、直接子どもに伝えていました。ところが、この対応ではデメリットが生じる可能性があります。デメリットとは、**悪い現状を子どもに伝えるほど、悪い現状を強くイメージさせてしまう**ということです。

つまり、「あなたはこんなところが苦手なのだ。がんばって克服しよう」と教師が伝えるたび、「こんなところが苦手なのだ」という悪いイメージの方に慣れ親しませてしまうのです。

では、どうすればよいのでしょうか。

> 悪い現状でなく、「未来の成長した姿」をイメージさせる。

「未来の成長した姿」は、現状よりもよいイメージになるはずです。

例えば、現状「漢字が苦手」だったとしても、未来の状態はわかりません。漢字の苦手意識がなくなっているかもしれませんし、得意分野になっているかもしれません。

だからこそ、わざわざ悪い現状を、子どもにイメージさせる必要はないのです。

むしろ、未来のよいイメージの方に慣れ親しめるよう、対応すべきです。


このことを、漢字が苦手な子の場合で、より具体的に考えていきます。

まずは、4月1回目のテストの前に、漢字練習の仕方を念入りに教えます。テスト対策の仕方も教えます。

すると、新学年1回目のテストでは、以前に比べ、高い点数を取れるはずです。

その「点数が上がった」という事実に、目を向けさせます。そして、

「君は力もあるし、努力もできるから、漢字を覚えるのはきっと得意だよ。もっと高い点数をねらっていいよ」

と、**「少し先の成長した姿」をイメージして伝える**のです。

具体的には、子どもの現状が「30～40点得点できる力がついた」くらいなのであれば、

「君なら、70点はねらえるよ」と、「少し先の成長した姿」を伝えるのです。

ここで大切なポイントは、**指導を通して「成長した事実」をつくり出し、目を向けさせているところ**です。

たとえテストの点数が上がらなかったとしても、「部首だけは書けるようになった」「もう少しで正解になる漢字が増えてきた」など、成長した事実を見いだし、その点に目を向けさせます。

そのうえで、「少し先の成長した姿」をイメージできるように声かけしていけばよいのです。

さて、この「少し先の成長した姿」を子どもにイメージさせると、子どもの意識が変わってきます。

「本来自分はもっと漢字ができるはずだ」などと、よいイメージが強くなってくるのです。つまり、**子ども自身が、「少し先の成長した姿」のイメージの方に慣れ親しんでくる**のです。

そして、現状と「少し先の成長した姿」とのギャップに違和感を覚えるようになります。「70点取れていないのはおかしい。もう自分には70点取れる実力があるはずだ」と思うのです。そうして、自然と70点取るための努力が始まるのです。

「少し先の成長した姿」のイメージに慣れ親しむほど、現状とのギャップに違和感が増し、無意識に、努力が始まります。そして本当に、「少し先の成長した姿」にいつの間にか到達しているというわけです。

これはつまり、先の「現状を強くイメージすると、現状の自分が維持される」と同じ現象が、よい方向で起きているのです。

なお、「少し先の成長した姿」の「少し先」には、理由があります。

本当は、1年後など、「遠い先」の成長した姿をイメージさせたいのです。

ところが、自信を失っている子ほど、遠い先の成長をイメージすることは困難になります。**自分がそこまで成長するとは信じられないから**です。

しかし、少し先なら、イメージしやすくなります。

本当は遠い先の成長した姿をイメージさせたいのですが、それが難しい場合でも、「少し先の成長した姿」をイメージさせたらよいのです。

2

「未来の成長した姿」を簡単に描ける子ばかりではない

子どもに「未来の成長した姿」をイメージさせられないと…

子どもに「未来の成長した姿」をイメージさせるために、A先生は担任している子ども一人ひとりの成長した姿を思い描くことにしました。

まず、その子の長所やがんばり、成長など、よいところを調べることにしました。

しかも、自分1人ではなく、他の教員や保護者からも情報を集めました。

そして、「指導が最高にうまくいったとして、子どもはどんな成長をするだろうか」とイメージしてみたのです。

その子のよいところを調査できたため、以前にも増して、子どもの成長した姿をイメージできました。漠然としている部分はあっても、1年後の成長を描けたのです。

続いて、学級開きからしばらくして、子どもにも「1年後の成長した姿」を考えさせる時間を取りました。

目標シートを配付し、今年の目標を書くよう伝えました。目標には、「1年後、こんな自分になりたい」「1年後、こんな目標を達成している」などを書かせました。

このとき、「できるだけ大きく成長した自分を思い描こう」と助言しました。ところがです。あっさり1年後の成長した姿を思い描けた子がいた一方、まったくできない子もいたのです。

特に、**問題や課題を抱えている子ほど、成長した姿を思い描くことが困難**でした。例えば、学習に苦手意識を感じている子や、トラブルを繰り返していた子、友だち関係が苦手な子などです。

そこで、教師が思い描いた、その子の成長した姿を伝えることにしました。1年後の成長した姿を伝え、しかも、1年後の成長のイメージから逆算した「少し先の成長した姿」をも語って聞かせたのです。

ところがです。A先生が熱弁しても、子どもたちが「先生、そんな目標、どうせ自分には無理だよ」「先生、期待されてもそんなふうにはなれないよ」と言うのです。

問題や課題を抱えている子ほど、現状の自分のイメージを強固にもっており、それを崩すことは困難なのでした。

① 未来の姿をイメージさせる前に、自己評価を高めておく

「未来の成長した姿」をイメージすることは、だれにとっても難しいことです。

４月には、子どもに「１年後の成長した姿」、つまり１年間の目標を考えさせるはずです。

しかし、１年後は遠い未来です。遠い未来ほど、イメージすることは難しくなります。

そこで、１年後の成長した姿をイメージさせる際、**「漠然としたイメージでかまわない」と助言します。**

さらに、例示も行います。

「みんなと協力しながら、活動に取り組んだり、学習したりできている」

「苦手な科目がなくなり、得意な科目はもっと伸びている」

「得意なスポーツで活躍している」

「仲間と毎日楽しく過ごしている」

「まわりの人や家族に感謝される毎日を送っている」

目標の観点を示すことも大切です。例えば、「学力面」「集団面」「生活面」など、観点ごとに例示を行うのです。

さて、例示したように、1年後という遠い未来のイメージは、漠然としていてかまいません。一方で、「近い未来にこんな自分になっているに違いない」という「少し先の成長した姿」は、遠い未来よりもイメージしやすいはずです。

「少し先の成長した姿」は、「1年後にこんな自分になっているとしたら、少し先にはこんな自分になっているだろう」と、逆算で考えます。

例えば、次のようにです。

【1年後】苦手な科目がなくなり、得意な科目はもっと伸びている。
【少し先】苦手な教科も少しずつできるようになっている。得意な科目をより伸ばすため、自主学習に取り組み、理解を深めている。

【1年後】得意なスポーツで活躍している。
【少し先】放課後の特別練習に参加し、記録を伸ばしている。

遠い未来は漠然としていますが、遠い未来から逆算していくと、徐々に現在に近づきます。現在に近づくほど、具体的に「こんな姿になっていればいい」と描けるのです。

そのため、教師の意識として、「遠い未来ほど、漠然としたイメージでかまわない」「近い未来ほど、具体的にイメージさせやすい」と思っておけばよいのです。


しかし冒頭の事例のように「少し先の成長した姿」すらイメージできない子がいます。なぜイメージできないのでしょうか。それは、自己評価が低いからです。

そこで、**未来のイメージをもたせる前に、自己評価を高めておく必要があります。学級開きで大切なのは、成功体験**です。小さな成功体験でもかまいません。

例えば、「暗唱ができた」「運動の記録が伸びた」「最初のテストがよい点数だった」「自分ができないと思っていたことができた」「教師やクラスメイトからほめられた」などです。そういった成功体験を、十分味わわせることが必要になります。

成功体験という事実があるからこそ、自己評価が高まっていきます。「今年はがんばれそうだ」「今年は去年より成長できそうだ」と思えてくるのです。

自己評価が高まると、自分の成長した姿が徐々にイメージできるようになります。

なお、**成功体験は、学習の成果以外のことでも味わわせることが可能**です。

例えば、「貢献」です。「学級や学校に貢献する」「教師の手伝いをして貢献する」など、様々な貢献によって、達成感や、自分が必要とされている気持ち、感謝される喜びなどを味わわせることができます。これもまた成功体験になります。

私の場合、前年度荒れていたなど、問題を抱える子ほど貢献できる役割を頼んでいました。そして、その貢献に、まわりからの感謝が集まるようにしていました。

さて、自己評価を高める方法は、成功体験を味わわせる以外にも、様々あります。

例えば、自分の強みや長所、がんばった過去などの**「自分のよさ」を箇条書きさせる方法**があります。いわゆる「自己分析」を、自分のよさに絞って行わせるのです。

または、同級生や保護者、下級生、他の教員など、**様々な人からその子のよさを伝えてもらう方法**でも、自己評価を高めることができます。

自己評価が高まると、少々の失敗を恐れなくなります。「自分にはできるはずだ」と思えてきます。そして、未体験の分野の目標、未知の分野の目標、できるかどうか自信のない目標でも、挑戦しようとする意欲が高まります。

そして、「未来の成長した姿」をイメージできるようになるのです。

②自己評価が高まる言葉かけをする

自己評価が高まるしかけを、もう少し詳しく述べます。

学級開きから、成功体験を子どもに味わわせていきます。

成功体験を重ねるたび、子どもの自己評価が高まっていきます。

このとき、さらに子どもの自己評価を高めるための効果的な方法があります。

それは、教師やまわりの子どもたちが、その子に対して、「ほめる、認める、励ます」といった前向きな言葉かけを行うことです。

例えば授業で、4人程度のチームで課題を解決するとします。

このとき活動前に何らかの役割を分担するよう促します。「資料から情報を広く集める人」「集めた情報で大切な部分をまとめる人」「ノートやパソコンにわかりやすくまとめる人」「話し合いの司会をする人」「プレゼンをつくる人」「発表する人」といった具合です。

活動後に、それぞれの役割をねぎらう時間を取ります。がんばったことに対し、チームの仲間から、前向きな言葉かけが集まるようにするのです。

たとえ失敗し、うまくいかなかったとしても、よかったところはあるはずです。「ここがよかったよ」と前向きな言葉かけを行うよう促し、教師も称賛します。

このような「ほめる、認める、励ます」前向きな言葉かけによって、「授業で何かができた」「役割を果たして貢献できた」という事実に加え、**教師やまわりの仲間が、自分のがんばりやよさを認めてくれた事実が生まれます。**成功体験に加え、前向きな言葉かけを受けることで、自己評価は大きく高まるのです。

さて、学級開きの他の場面でも自己評価が高まるしかけを取り入れることができます。**学級開き前に教師が調べておいた、その子のよいところを本人に直接伝える**のです。

私の場合、学級開きからしばらくして、5分ほどの個別面談の時間を取ることがありました。そして、一人ひとりに、実態調査で調べたその子のよさを伝えていたのです。

①「こんなよいところがあると聞いているよ」と、具体的なエピソードを話す。
②「先生が聞いている以外の自分の長所や得意なこと、がんばっていることを教えてくれたらうれしいです」と、その子自身に自分のよいところに注目してもらうようにする。
③「今年も、学級で自分のよさを発揮してくれたらうれしいです」と締め括る。

たった5分の面談で、教師がその子のよさに注目していることが伝わります。

また、様々な教員から見たその子のよさを自覚させることができます。

さらに、子ども自身が自分のよさに注目し、よさを発揮しようと思えます。

この面談でも、「ほめる、認める、励ます」前向きな言葉かけを行います。そうすることで、子どもの自己評価はますます高まっていきます。


さて、「4月に成功体験をさせられなかった」という悩みを、若手教師から聞くことがあります。「テストでよい点を取らせること」や「何かをできるようにすること」ができなかったという悩みです。

成功体験をさせられなかったので、「ほめる、認める、励ます」のうち、「ほめる、認める」言葉かけができなかったというのです。

このようなときは、どうすればよいのでしょうか。

成果をほめたり認めたりすることは、「結果の承認」です。つまり、何らかのよい結果が出ていないと、ほめたり認めたりできないのです。

この場合、若手教師は結果の承認ができないことに悩んでいるのです。

そこで、この「結果」を、もう少し広く捉えることが重要になります。

結果の承認は、たとえ全体的に見れば失敗だったとしても、行うことができます。全体としては失敗したとしても、「一部はうまくいった」ということがあります。そこで、**ほんの少しでもうまくいった部分を認めることで、結果の承認ができる**のです。

では、もしうまくいった部分がまったくない場合は、どうすればよいのでしょうか。

そんなときは、「成長の承認」が効果的です。これは、**以前より成長した部分を認める**ことを意味します。

例えば、「前よりもがんばろうとしていた」「前よりよくなっていた」ところを承認するのです。成長の承認のよいところは、**結果が出ていなくても、子どもが成長した部分を認めたらよいので、認める範囲が広くなる**点です。

要するに、結果は出ていなくても、前よりがんばろうとしただけで成長の承認はできるのです。以前より努力を増やすなど、以前のその子と比べて成長している部分を認めていけばよいのです。

また、結果は出なかったけれど力は向上したという、「以前の自分よりもできることが増えている」という成長を認めることもできます。

ではもし、努力の量や質も変わらず、特にがんばらなかった子なら認められないのでしょうか。

そんなことはありません。**「心の中の成長」**を聞いてみればよいのです。

結果が出なかったとき、よく話を聴いてみると「本当はがんばろうと思っていたけれど、はずかしくて挑戦できなかった」などという子がいます。それなら、心の中の成長を承認すればよいのです。つまり、**前よりほんの1秒でも「がんばってみよう」と心の中で思う時間があったのなら、それを認めたらよい**のです。私はこれを「わずか１㎜の成長を認める」として、意識しています。

このように、結果の承認はできなくても、成長の承認はできます。成長の承認によって、その子の成功体験にすることができるのです。

さて、成果が出たかどうかは、「比較」によって決まることが多くあります。

「他の人より偏差値が高いから、成果が出たと考える」

「他の人と競争して金賞や銀賞を獲ったから、成果が出たと考える」

このような具合です。しかし、成長の承認は、過去の自分から少しでも伸びていれば行うことができます。つまり、**他人との比較ではなく、過去の自分との比較**なのです。

一人ひとりの成長のペースは異なります。また得意な分野も異なります。他人との比較で成果が出たかどうかという意味での「結果」を重視しなくてよいのです。自分なりに何らかの目標を設定し、その目標に近づいていること、日々成長していることを認めたらよいのです。個々の多様性や個性を認めていけばよいのです。

たとえ全体的に失敗し、しかも、細かな点でもうまくいった点がないなら、「失敗したけど、○○に挑戦したこと自体があなたの成長につながっているよ。よくがんばったね」「今回の挑戦は失敗だったけど、こんな気づきや反省ができたね。この経験は次の挑戦への大切な糧になっているよ」と成長を承認することができます。

なお、どうしてもほめるところがない、認めるところがないといったことで悩んでいる教員もいます。荒れて自暴自棄になっている子どもを前に、前向きな言葉をかけることができない、といった悩みです。むしろ叱る場面が多くなるというのです。

この場合は、**「あなたの存在を認める」ということを意識して、言葉かけするのが効果的**です。例えば、「名前を呼ぶ」「その子がやっていることに興味や関心をもつ」「その子のことを知ろうとする」「いつも見ていると伝える」といったコミュニケーションの手法です。コーチングでは、「存在の承認」というコミュニケーションの手法になります。

例えば、その子の服装を見て、「いいズボンを履いているね」「その靴いいね。走りやすい？」などと、肯定的に認める言葉かけをするのです。

その子の様子を認めることもできます。「○○さん、今日も元気そうだね。先生はうれしいです」といった具合です。

他にも、その子の存在を気にかけていることを伝える言葉かけも効果的です。

「前にもこのことに取り組んでいたね。興味があるんだね」

「昨日はゆっくり休めたかな？　スポーツしているから疲れたんじゃない？」

「困ったことはないかな？　いつでも相談してね」

また、その子の行動や言葉など、事実をそのまま認めるだけでも、効果を発揮します。

子どもが「今日は疲れた」と言っていたら、「今日は疲れたんだね」と繰り返します。

子どもが今何かをしていたら、「今○○をしているんだね」と事実をそのまま認めます。

このように日常的な簡単な声かけだけで、存在の承認ができます。**問題行動が多いと感じる子、荒れている子などには、「何もない普段のときにこそ、しっかり声かけしよう」と思っていることが大切**です。

去年まで荒れていた子の担任が決まったとき、私はまずその子の服装を承認しようと思っていました。「先生も同じような服をもっているよ。センスが同じでうれしいです」などと声かけしていたのです。

存在の承認で、もう少しレベルを上げると、その子の本質的なよさに目を向ける方法があります。短所がどうしても目立つ子がいたとしても、**その短所を長所に変える解釈をすればよい**のです。

○自分でなかなか決められない。
↓思慮深く慎重な性格で、情報を集めてから適切に判断しようとしている。
○気が強く、いつも友だちとけんかになる。
↓積極的に自己主張できる。他人に流されず、大胆な行動が取れる。
○人のことを気にして、みんなの前で自己主張ができない。
↓繊細で人の気持ちに敏感。

このように、存在の承認をより効果的に行うなら、その子本来の本質的なよさに注目し、承認すればよいのです。

3 成否を分けるのは、「少し先の成長した姿」をイメージさせられるかどうか

自暴自棄になる子どもに…

Ａ先生は、去年まで荒れていた子どもを担任することになりました。

その子は、４月の学級開きから、荒れた行動を繰り返しました。友だちと頻繁にけんかになります。何か嫌なことがあると、ものをたたいたり、蹴ったりして暴れます。気分不良になると、机に突っ伏し、学習に参加しなくなります。

そんな子に対し、Ａ先生は「未来の成長した姿」を語るようにしていました。

現在は荒れています。現状は悪い状況であり、毎日トラブルが絶えません。

しかし、これはあくまで現状であり、その子の現在の状態に過ぎません。その子の本来の姿、その子の本質とは異なります。今は荒れていますが、もともとは素直で優しく、がんばり屋の子だったと、Ａ先生は保護者から聞いていました。

だとするなら、本来の姿は、素直で優しく、がんばり屋の子であるはずです。そして、

本来の姿で過ごすことができたなら、「少し先の成長した姿」は、友だちに優しくでき、自分の目標をもって努力を続けているはずです。

このような、「少し先の成長した姿」をA先生自身が強くイメージしました。

そして、「すでに本来のよさを発揮し、成長しつつある」と思いながら、その子に関わるようにしたのです。

現状、その子は自暴自棄になっているので、**A先生が前向きな言葉をかけても、「俺なんて、ほめてもどうせ無駄だよ。明日もけんかになるから」などと返ってきました。**

その言葉に対し、「けんかになるかもね。でも、きっと明日はけんかになっても、少し優しく仲直りできると思うよ。本来君は優しい人なのだから」などと返しました。

つまり、その子は現状の荒れた状態に留まろうとするのですが、A先生は決してその子へのイメージを変えないわけです。「素直で優しくがんばり屋」というイメージを、断固としてもち続けたのです。

不思議なことに、A先生がその子に対してもっているイメージを変えないでいると、子どもの方が、教師がもっているイメージの方を意識し始めました。

そして時間が経つほど、教師のもつイメージの方に慣れ親しむようになったのです。

教師のイメージの方に子どもを慣れ親しませていく

前項で、子どもの自己評価を高め、「未来の成長した姿」を子どもにイメージさせるには、教師の普段の言葉かけが大切だと述べました。

この普段の言葉かけを効果的に行うには、どうしたらよいのでしょうか。

答えは、**教師こそが、子どもの「未来の成長した姿」を強くイメージできていないといけない**ということです。

ただし、１年後などの遠い未来の成長した姿は、漠然としか思い描けないこともあります。

そこで大切になるのが、「少し先の成長した姿」を強くイメージすることです。

遠い未来の成長した姿から逆算し、「少し先の成長した姿」を強くイメージするのです。

教師が、「少し先の成長した姿」を強くイメージできているからこそ、その子への対応が自然と個別に最適な対応になっていくのです。

また、**子ども自身にも、「少し先の成長した姿」を強くイメージさせます。**

例えば、1年後に「漢字テストが毎回満点になっている」ことを想定したとします。

だとするなら、現在は、「70点ぐらいは取れていないといけない」ことになります。

もし、今回のテストが30点だったなら、次のような言葉かけになるはずです。

「本当は70点ぐらいは取れたはず。だって、こんなに惜しい間違いがあるのだから」

「こんなに努力を続けられるようになったのだから、本当はもっとよい点が取れる力がついているからね。次はもっとよい点が取れると思うよ」

このように**すでに「少し先の成長した姿」に到達しているかのように対応する**のです。

教師は、「少し先の成長した姿」のイメージを、絶対に崩さず、もち続けます。だから、子どもは、徐々に、教師のもつイメージの方に、慣れ親しんでくるというわけです。

この事例で見たように、子どもが目に見えて荒れているなど、現状がどんなに悪くても、その子本来の姿であるとは限りません。また、未来の可能性は、現状とは違っているのが当然です。

今はできないことがあっても、未来には成長しているかもしれません。

今は荒れていたとしても、そのことを反省し、未来にはよりがんばる行動が多くなっているかもしれません。

［学級開きと子ども対応］3のこと

そもそも「今の状態が悪いから、未来の状態も悪い」と想定するのはおかしな話です。

「今の能力が低いから、未来の能力も低い」というのもおかしな話です。

私たち教師こそが、子どもの未来の可能性を信じることができなくてはなりません。

なお、子ども自身が、「少し先の成長した姿」のイメージを強くもつほど、子どもは自然と努力を始めると先に述べました。

これは、教師に対しても同じ効果を発揮します。

例えば、教師からすると「漢字テストで今は70点ぐらい取っているのが当たり前」という子どもがいるとします。ところが、現状30点しか取らせることができていません。

すると、教師自身はどう思うでしょうか。自分の指導が不適切だとか、力不足だと感じることになります。そして、教師もまた「現状の方がおかしい」と感じ、自然と指導を変えたり、指導に熱が入ったりするのです。

教師も現状では満足できなくなり、「何か変えないと」と思えるようになるからです。

こうして、子どもの努力と教師の指導の工夫が同時に、自然と、無意識の中で行われるようになります。だから、相乗効果を発揮し、本当に子どもは成長していけるのです。

なお、**力のある教師ほど、1年後、半年後など、遠い未来の成長のイメージをもってお**

り、子どもに遠い未来のイメージをもたせる言葉かけをしています。

例えば「1年後には、漢字だけでなく、計算のテストも得意になっているよ。こんなに努力をしているのだから」などと、言葉かけしているのです。

ただ、1年後、半年後の成長のイメージは漠然としていることもあるので、遠い未来の成長に関する言葉かけができなくてもかまいません。

しかし、「少し先の成長した姿」の方は、ぜひ言葉かけしたいのです。**ここができるかどうかが、子ども対応が成功するかどうかの分かれ目となる**のです。

教師は、現状だけでなく、その子が成長した未来にも目を向けるべきです。

子どもの自己評価が高まり、「少し先の成長した姿」に慣れ親しめば親しむほど、自然と自分から成長した姿に向かって行動を始めます。その変化には驚かされることが多くあります。

子どもの考え方も、行動も、習慣さえも変わっていくのです。

第2章

本当は大切だけど、誰も教えてくれない

[子ども理解]5のこと

4

ただ見ているだけでは、子どもの行動の意味は理解できない

子どもの行動には意味があることに気がついていないと…

授業中、ある子が、複数の情報が出てくると、自分の見たい情報以外は隠していました。手で隠したり、筆記用具などで隠したりするのです。

算数の問題を解いたり、国語の教科書を読んだりするときはいつもそうしていました。若いE先生は、この行為に、特に意味があるとは考えませんでした。そのため、教室には他にも似た行動を取っている子がいたにもかかわらず、気づけなかったのです。

さて、特徴的な行動を取る子は、他にもいました。

例えば、授業中、多くの子は普通にいすに座っています。ところが何人かは、「いすに体育座りをする」「いすに膝立ちをする」「いすに片足を上げて座る」「ロッキングをする（前後に揺れる）」などの行動が見られるのです。

これらも、E先生は何か意味があるとは考えませんでした。「姿勢の悪い子がいるな」

「躾ができていないのかな」などと思うだけでした。

他にも、天候不順の日に頭が痛くなる子がいました。また、別の子は、毎回同じ手順で行動しないと不安に感じ、教師に「できない」と訴えてきました。

ある日、E先生は研修会に参加し、「ワーキングメモリー」という概念を学びました。

ワーキングメモリー（working memory）とは、「作業や動作に必要な情報を、一時的に記憶・処理する脳の働き」を意味します。「作業記憶」と呼ばれることもあります。

子どもの中には、ワーキングメモリーの低い子がいて、１つ、２つ程度しか記憶できない場合があることを知りました。そこでE先生は、はたと気づいたのです。教室のあの子も、情報が多過ぎると混乱してしまい、情報を自分で制限していたのではないかと。

さらに、研修会に参加を続けていると、いすの座り方にも意味があることを知りました。「ストレスや不安の表れ」「退屈に感じている」「常同行動の可能性」などがあると学んだのです。

天候不順の日に体調不良を訴える子は、「気象病」の可能性があることも知りました。

同じ手順を望む子の中には、自分で決めた日課や手順の変更に抵抗を示す場合があることもわかりました。**子どもの行動にはすべて意味があった**のです。

〉〉 多くの情報を取りこぼしていることを自覚し、専門的な知識を学ぶ

この事例では、主に特別支援教育や医学に関する知識が出てきました。それらの知識を理解していないと、教師は、子どもの実態を捉えることができなかったのです。

例えば、教室には「情報を隠す」子がいます。また、複数の指示を与えると、「先生何をするのですか?」と聞き返してくる子がいます。

これらの困り感は、「ワーキングメモリー」という概念を教師が知ることで、はじめて理解できます。そして、理解できたことで、子どもたちの行動の意味もはじめて見えてくるのです。

つまり、私たちは**「知らないものは見えない」「重要でないものは見えない」**のです。

だからこそ教師は、特別支援教育や心理学、発達心理学、認知科学、学習心理学などの専門的な知識を学ぶ必要があります。時には、医学にも精通していないといけないのです。そうしないと、事例のように、多くの子どもの実態を見逃してしまうからです。

発達心理学の知識があれば、小学3年生では、俯瞰で地図をかくのが難しい実態が想定

できます。そこで、展望台に連れて行き、地図と目の前の景色が同じか確かめさせる活動が考えられます。小学３年生では、抽象的な思考が難しい子がいると知っているからこそ、困り感に気づき、適切に対応できるというわけです。

なお、これは、**教える内容にも言えること**です。教える内容に精通していないと、子どもがどこでつまずいているのかが見えないのです。

例えば、平泳ぎを教えているとします。子どもの中には、ドルフィンキックになってしまう癖が直らない子がいます。なぜ、何度言っても直らないのでしょうか。

答えは、「息つぎの習得ができておらず、体全体が沈んでしまっているから」です。つまり、子どもはドルフィンキックで浮力を得ているのです。

よって「連続の息つぎの際、頭をしっかり沈めると体全体が沈み、浮力が得られる」ということを体感させなくてはなりません。浮力を得て体が浮き上がると、安心してカエル足のキックができるようになります。その結果、カエル足が習得されるというわけです。

このように、学習内容に精通しているからこそ、子どものつまずきを見取ることができ、適切な指導ができるのです。よって教師は、**教科内容に関する専門的な知識**も知っておく必要があるのです。

5 学級で見せる姿だけが、子どものすべてではない

普段教室ではおとなしい子どもが…

F先生の学級に、普段はおとなしいK君がいました。

K君は、グループで活動する際、自分からは発言せず、まわりの意見を静かに聴いているような子でした。

意見を求めても、遠慮がちに「みんなの意見でいいと思います」「自分も○○さんの意見に賛成です」などと言います。意見を求められないと、めったに発言しません。まして、反対意見はほとんど出さないのでした。

F先生からすると、K君はリーダーシップを発揮する子に後ろからついていく子に見えていました。

さて、あるときF先生は、放課後児童クラブに顔を出す機会がありました。

放課後児童クラブでは、保護者が働きに出ているなどの理由で、様々な学年の子が30人

程度集まり、宿題や遊び、文化的な活動などが行われています。校舎の端の部屋で行われ、放課後児童支援員や地域の補助員が運営を行っていました。

F先生が放課後児童クラブの教室に入ったとたん、K君が大きな声でリーダーシップを発揮している姿を目にしました。全体に指示を出し、遊んでいる子を注意しながら、集団を統率しているのです。学習や遊びのリーダーとして、積極的に発言しています。

その姿は、学級でのK君の様子とはまったく異なり、まるで別人でした。

驚いたF先生は、クラブを運営している地域の方に話を聞きました。いつもK君がリーダーシップを発揮しているか、尋ねてみたのです。

すると、K君は立派なリーダーとして活躍していて、同級生や下級生だけでなく、上級生にも、自分の意見をしっかり言えるというのです。驚いたことに、まわりと意見が違っても、自分の考えをきちんと主張しているということでした。

F先生はここではたと気づきました。**学級で見せる子どもの姿と、学級以外で見せる子どもの姿は、異なることもある**のです。

そして、学級で把握できる子どもの姿は、「本当の子どもの姿」のごく一部に過ぎないことに気づいたのです。

複数の目線から様々な場での様子をつかみ、多面的に子どものよさを理解する

子どもは、場によって見せる姿が変わります。

例えば、学級という「フォーマルな場」ではおとなしくても、遊びや放課後などの「インフォーマルな場」ではリーダーシップを発揮したり、ユーモアあふれる話をしたりと、違った姿を見せるのです。その変わりようには、驚くことが少なくありません。

つまり、学級で見えている子どもの姿は、「本当の子どもの姿」のごく一部ということです。

ここで教師が意識すべき点は、２つあります。

①教師１人の目線では、把握できる子どもの姿は限定されてしまう。
②学級の様子を見るだけでは、把握できる子どもの姿は限定されてしまう。

つまり、**複数の目線、様々な場で、子どもの様子をつかむ必要がある**のです。

例えば、休み時間に子どもと一緒に遊ぶだけでも、教室とは違った姿が見えてきます。教室では乱暴なのに、休み時間になると他の担任の手伝いをしていたとか、下級生と優しく遊んであげていたなど、別の姿を見せるのです。

また、他の教員や養護教諭、管理職などには、見えている姿が違うことがあります。担任には気づけないその子の姿に、他の人は気づけていることがあるのです。

先に、教師1人でも、多面的な視点をもつことができると述べました。それは、心理学や発達心理学、認知科学など、学んだ情報量が多いほど、子どもから見えてくる情報量も多くなり、多面的になるからです。

ここで気をつけるべきは、知識と経験の量によって、見えている子どもの姿が異なることです。つまり、**人によって、見えている子どもの姿は異なる**のです。

だからこそ、複数の目線から、子どもの情報を集める必要があります。

特に、教師には見えていない子どもの姿が、保護者や地域の方、医者、児童相談所の職員など、異なる知識と経験をもつ人には見えていることがよくあります。知識と経験が異なれば、見えてくる姿もまた異なってくるからです。

よって、**教師以外の人からも、子どもの情報を集める必要が出てきます。**

子どもは多面的な姿を見せるので、複数の目線、様々な場から、子どもの情報を集めなくてはならないということです。

さて、ここで1つ注意点があります。

それは、**人間はだれしも、他人のできていない部分、欠点、課題などの「悪いところ」が目につきやすい**ということです。進化の過程で、危機をいち早く察知するため、エラーを素早く検知する意識の方が発達してしまったからです。

このことは、教師も同じです。むしろ、熱心な教師ほど、子どもの悪いところに目が向きがちです。そして、子どもの抱える問題や課題ばかりが目につくのです。

だからこそ、意識的に「よいところ」を探そうとしなくてはなりません。

「子どものよいところは、探そうとしないと見えない」

そう認識することが大切になります。

さて、ここでも注意点があります。

それは、よいところを探す際に、**教師がよいところと判断したことしか探し出せない**ということです。主観に基づいてよいところを探すからです。

つまり、**その教師の価値観や信念によって、よいところが限定されてしまう**のです。

そのため、担任が気づけないよいところを、他の教師や学校外の人がすぐに気づく場合があります。

例えば、「騒がしい部分はあるけど、元気でいいじゃないか」「引っ込み思案に見えるけど、思慮深いからいいじゃないか」などと、指摘されることがあるわけです。

面接試験をすると、評価が人によってバラバラになるのも、一人ひとりの価値観や信念が異なるからなのです。よって、次のことを意識しておく必要があります。

①よいところは、探そうとしないと見えない
②よいところは、１人の目線だと一部分しか探し出せない

教師は知らず知らずのうちに、自分だけの価値観や信念で判断したレッテルを、子どもに貼ってしまっている。

そのように意識しなくてはなりません。

以上のように、子どもの実態やよいところを理解するのは、簡単ではありません。複数の目線、様々な場で、子どもの様子を捉える努力をすべきなのです。

6 子どもの心を把握することは、子ども自身にさえ難しい

子どもの心を把握しようとしているのに…

A先生は、子どもの心を理解しようと、アンケートを定期的に行っていました。

「学級での生活に満足していますか。満足していない点があれば書きましょう」

「授業はわかりやすいですか。よくしてほしいことがあれば書きましょう」

「休み時間は楽しく過ごせていますか。どんな人と何をして過ごしていますか」

このように、学級生活全般にわたってアンケートを取っていました。

アンケートは、記名式で取る場合と、無記名で取る場合がありました。

ある年、アンケートを取ってみて、あることに気がつきました。

無記名の方で、日頃の授業や、学級経営に対して批判的な意見が書かれていたのです。

記名式だと満足度が高いのに、無記名だと満足度が低くなってしまったのです。

つまり、**子どもたちは教師に自分の心を開示しようとしなかった**のです。

また、A先生は似た体験を、もう1つしました。

学級に、問題行動が多いと感じる子がいました。

気分がよい日は教師の手伝いを進んでやってくれます。また、学級全体のためになる行動を率先して取ってくれます。ところが、気分不良の日は、ものに当たったり、不貞腐れて活動しなかったりするのです。

あるとき、この子がけんかをしたり、ものを壊したりと、トラブルが続いたことがありました。その際、A先生はその子の心を知りたいと思い、尋ねてみることにしました。どんな考えや気持ちで、トラブルを起こしたのか聞いてみたのです。

すると、次のような返事が返ってきたのです。

「どうしてこんなことをやったのか、自分でもよくわからないよ」

「自分の気持ちや考えなんて説明できないよ」

A先生は、「子ども理解」のため、子どもの心をつかもうと努力していました。

しかし、**子どもの心は、時に子ども本人にもわからないことがある**のでした。

また、子どもの心は、その日の精神状態によってコロコロと変化するのでした。

こうした経験を通して、子どもの心の理解は容易ではないことに気づいたのです。

①子どもの心を把握する努力はするが、理解しきるのは難しいと心得る

子どもを理解するうえで最も難しいのは、子どもの心を把握することです。人の心は、日々変化しています。考え方も変化しますし、気分によって考えている内容も異なります。心を把握することは、本人であっても難しいのです。

私は、教育実習でこのことを思い知らされる体験をしました。

教育実習で配置された学級は、荒れの見られる高学年の学級でした。担任の最初のあいさつは、次のようなものでした。

「1か月の教育実習を、皆さんが乗り切れるか心配だ」

というのも、少し前に来た教育実習生が、トイレで男子から汚物や水をまき散らされたというのです。実習生は、新調したスーツが使い物にならなくなり、自信を喪失し、放課後に泣いていたということでした。それぐらい荒れており、実習生に対するあたりがきつかったのです。実習生に対する悪態は、日常茶飯事になっていました。

さて、実習が始まってしばらくして、1人の女子が、私に悪態をついてくるようになり

ました。なぜかその子は、私だけに罵詈雑言を浴びせてくるのです。毎日毎日です。よくこんなに悪口が続くと、感心してしまうほどでした。悪口のたび「そんな言葉はよくないよ」とたしなめたり、「でも、こんな場合は、悪い面もよい面に変わるんじゃないかな」などとかわしたりしながら、会話をしていました。

罵詈雑言が毎日続くので、私は自身を振り返ることにしました。何か嫌われることをしただろうかと。心当たりがないので、よくわからないままでした。

1人に関わり過ぎるのもよくないので、他の子にも関わるようにしました。しかし、機会があるたびに、文句や不満、悪口を言ってくるのは変わりませんでした。

さて、教育実習も終わりに近づいてきました。

そのとき、ある意外な場面に遭遇したのです。

男子4名ほどが、コソコソと内緒話で、私に対する悪口を言っていました。そこに、その女子が近づいていき、「文句や悪口を陰で言うなよ。言いたいなら面と向かって言えよ。コソコソすんな」と注意したのです。

私は通りがかりにたまたまそれを目撃しました。私がいることにはだれも気づいていません。壁に隠れて様子をうかがっていると、真剣に注意しているのが伝わってきました。

注意の仕方が真剣なことに私は驚き、意外に感じました。みんなで「そうだよね」と意気投合してもおかしくない場面だったからです。

実習の最終日、いつも悪態をついていたその子が、長い手紙をくれました。そこには、いつも悪口や文句を言っていたことへのお詫びと弁明が書かれていました。ある物語の登場人物に私が似ていたから、そういう目で見ていて、関わりたいなと思って、でも素直になれず、変な関わり方になったとのことでした。

私は、手紙を読みながら呆気にとられました。

手紙を読むまでは、「自分に何か悪いところがあるのだろう」「何か嫌なことをしてしまったのだろう」と思っていたからです。肩透かしを食らった気持ちになりました。

子どもの心はなかなかつかめない。そんな経験をさせてもらった1か月でした。

心はコロコロ変わるから「心」と呼ぶのだ、という語源が昔から伝わっています。

子どもの心を理解するように努めたいのですが、難しい面もあります。

心を知りたいと願い、そのための努力をしつつも、それでも子どもの心は永遠につかめないかもしれないということは、頭の片隅に思っておきたいものです。

②ゴールを知ることで子どもの実態をつかむ

さて、子どもの実態をつかむのは、案外困難なことが明らかになりました。

特に、子どもの実態の中でも、心の把握は容易ではありませんでした。

子どもの実態がつかめなければ、実態に合わせた指導が難しくなります。つまり、個別に最適な対応が難しくなります。

また、子どもの実態がつかめなければ、教師が子どもの「未来の成長した姿」をイメージすることも困難になります。

子どもの「未来の成長した姿」を教師がイメージできなければ、効果的な指導ができなくなるのは、すでに述べた通りです。

では、どうすればよいのでしょうか。

1つの答えは、すでに示しました。子どもの実態を理解したと思っても、その実態は、1人の教師の目線で捉えた姿に過ぎません。だからこそ、複数の目線、様々な場で、子どもの実態を捉える必要がありました。つまり、**実態をつかむのは困難と理解しながらも、**

「実態調査」を惜しまずやるということです。

ここで、もう1つ意識してほしいことがあります。

それは、**子どもが目指しているゴールを理解すること**です。

ゴールとは、**子どもが心から達成したいと思い描く目標や理想の姿**を意味します。

つまり、子ども自身がどういう目標やどういう理想の姿を描いているのか、それらゴールの理解にも力を入れたいのです。平たく言えば、**子どもの思いや願いをつかむ**ということです。

ある子は、作文が苦手だったので、「今年こそは文章を多く書けるようになる」というゴールを考えました。

また別の子は、水泳で5mも泳げなかったので、「今年こそは25mを泳げるようになる」というゴールを考えました。

さらに別の子は、友だちと以前までうまくつき合えなかったので、「今年こそみんなと楽しく協力できるようになる」というゴールを考えました。

このように、子どものゴールを知ることで、子どもが何をがんばろうとしているかがわかります。つまり、子どもが何を重要だと考えているのかがわかるのです。

それだけではありません。ゴールを知ることで、子どもが自分自身のことをどう評価しているのかもわかります。

その他にも、子どもの様々なことがわかります。

このように、**ゴールを知ることは、実は子どもの実態をつかむことになる**のです。

しかも、教師からすれば、ゴールを知ることで、子どもの「未来の成長した姿」をイメージしやすくなります。


ここまでの話をまとめると次のようになります。

①学級開きまでに、実態調査を行う。
②学級開き後に、実態調査を行う。
③4月に、子どもの自己評価を高める。
④子どもに1年後にどうなりたいのかゴールを考えさせ、それを教師も知る。

このうち、**④のゴールを知ることは案外忘れられがちですが、子ども理解の中核ともい**

うべき重要なプロセスです。

あるとき、学校が大好きな子が、突然不登校になったことがありました。子どもの心を理解しようとしても、うまくいきませんでした。子どもが、自分でも自分の気持ちがわからないと言うからです。

原因を考えても、何が原因なのかわかりませんでした。そもそも「学校は楽しい」と、常日頃から口にしている子なのです。友だちが多く、成績も優秀です。毎日、友だちと楽しく過ごしていました。

子どもに心（気持ち）を尋ねても、本人も「わからない」と答える。本人や保護者に尋ねても、原因がわからない。

この状況を踏まえ、私は本人への質問を変えることにしました。

「これからどんなふうに毎日を送れたらいいと思っていますか」

「全部うまくいったとして、『これが理想だな』という毎日は、どんな毎日ですか」

つまり、**その子の思い描くゴールを尋ねてみた**のです。

質問を変えると、その子のゴールがすぐにわかりました。

その子のゴールは、「家族と過ごす時間を増やす」ことでした。

それには理由がありました。家族が急に仕事で多忙になったからです。

その子は、家族と過ごす時間が減り、さみしく感じていたのでした。家族間のけんかが増えてきたことも気になっていました。そういった背景が、不登校に結びついていたのです。不登校になれば、保護者は仕事を休まざるを得ず、１日一緒に過ごせるからです。

この不登校の事例では、ゴールがわかったとたん、解決へと向かいました。

家族にそのことを話し、「できるだけ家族間の口げんかをしない」「最低でも子どもの前でけんかはしない」「できるだけ多くの時間子どもと話をする」「ときどきは団らんの時間を取る」などの対応を行ってもらったのです。

すると、１週間ほどであっさり不登校は解消しました。毎日笑顔で学校に来るようになったのです。

子どもがどう世界を認識しているかは、大人とは異なることがあります。

この事例では、子どもは「もうすぐ家族がバラバラになる」と認識をしていました。保護者はそれを知り、驚いていました。現実はまったく違ったからです。

そもそも、世界をどう解釈し、どう捉えているかは、人によって異なります。その中で、

子どもと大人では、認識している世界がかけ離れていることもあるのです。

だからこそ、子どもの思いや願い、つまりゴールを知ることが大切になります。子どもが思い描くゴールを知ることで、子どもが何を重要だと思っているのか、何を願っているのかを知ることができます。そして、子どもに合わせた有効な指導や支援が行えるようになるのです。

この対応方法は、「原因」に目を向ける対応というよりは、子どもが何をしようとしているのか、何を目指しているのかの「目的」に目を向ける対応になります。

子どもの目的である「ゴール」を知ることで、子ども理解が進み、その子にとって最適な対応ができるということがよくあるのです。

③子どもが考えたゴールから、子どもの成長を思い描く

子ども理解を、「実態調査」だけに頼ることの弱点は、他にもあります。

それは、実態調査では、現在の実態を把握したに過ぎないということです。

どんなに実態調査を正確にできたとしても、それは、現在の姿をつかんだに過ぎません。

未来の姿まではつかんでいないわけです。

もし現在、自暴自棄になっていたり、不得意なことがあったりしても、未来の可能性はわかりません。未来の姿は、教師が信じられないほど成長しているかもしれないのです。

よって、実態調査によって現在の姿をつかむことも大切なのですが、『未来の成長した姿』をつかむことも大切です。**「未来の成長した姿」をつかむには、子どものゴールを知る努力をすればよい**のです。

これは、現在の姿をつかむための実態調査が必要ない、ということではありません。現在の姿をつかむ努力はしたうえで、子どものゴールも知る努力をすべきなのです。

ただし、多くの子どもは、ゴールを描くことができていません。

「このままの現状が未来も続く」などと、漠然と思ってしまっています。

そこで、もし子どもがゴールを描けていないなら、教師がサポートしていきます。

まずは、4月に子どもの自己評価を高める取組を続けます。自己評価を高める取組は、すでに述べました。成功体験の蓄積を柱としつつ、自分のよいところに気づいてもらうようにします。

大切なことは、**その子のよいところを本人に自覚させること**です。

自分のよさに気づかせるため、私はよく「人には様々なよさがある」という話をしてきました。

例えば「真似をするのが得意」「人が考えないようなアイデアを考えるのが得意」「人の話を聴いて自分の学びにするのが得意」「人と協力するのが得意」「1人でじっくり考えるのが得意」などです。

よさの例をあげ、どのよさにも価値があり、人には得意なことがある、という話をしていました。**よさの多様性に気づかせ、よさを探すヒントを与えていた**のです。

また、得意なことだけでなく、「がんばったこと」「やる気が高まったこと」「自分の好きなところ」などに気づかせることも、自己評価を高めることにつながります。

よさを自覚させることには、自己評価を高める以外に、もう1つ意味があります。

それは、**その子のよさを、本人も、教師も、まわりの人も、重要なものとして認識できるようになること**です。

先に、私たちは「重要でないと思っているもの」は見えないと述べました。

そのため、「自分には価値がない」「自分はどうせだめだ」などと思っていると、自分のよさは見えなくなってしまいます。

問題や課題を多く抱えた子ほど、自分のよさが見えなくなっているのです。

だからこそ、学級開きから早めに、よさの自覚が必要になるのです。

さて、自己評価が高まった段階で、ゴールを描かせる時間を取ります。**現状の自分では達成できないと思えるような高い目標や、より成長した姿を思い描かせます。**

教師の趣意説明も大切です。「自分が心から達成したいと思える目標を考えます。自分にとって高い目標を考えましょう。達成できないかもしれない、達成できるか不安という目標にしてみましょう。自分の成長につながりますから高い目標でちょうどよいのです」

例えば、次のようなゴールを子どもたちは考えます。

「（今は作文が苦手だけど）原稿用紙30枚ぐらい書けるようになりたい」

「（今は泳げないけれど）水泳記録会に出場できるぐらいになりたい」

「（今は友だちとけんかが多いけれど）多くの友だちと協力して充実した活動をつくり上げたい」

そして、その1年後のゴールを教師も共有します。

続いて、1年後にゴールを達成しているとして、では、今はどこまで到達していたらよいのかを描かせます。

「1年後に、原稿用紙30枚の作文が書けるような力がついているなら、今は日記ぐらいは自由に書くことができないといけない」

「1年後に、水泳記録会に出場できるほどの泳力が養われているなら、今は息つぎと伏し浮きぐらいはできていないといけない」

「1年後に、大勢の友だちと協力して充実した活動をつくっているなら、今は4人班ぐらいでは進んで協力し、役割を果たそうとしないといけない」

このように、現在達成できているであろう姿を思い描かせます。つまり、**1年後のゴールから逆算して、現在到達しているであろう姿をイメージさせる**のです。

この現在到達しているであろう子どもの姿が、「少し先の成長した姿」になります。これもまた、教師が共有します。そして、教師も独自に、子どもの「少し先の成長した姿」を思い描くようにします。

「少し先の成長した姿」を繰り返し子どもにイメージさせることで、徐々に「少し先の成長した姿」に子どもが慣れ親しむようになります。そして、**現状とのギャップを感じ、子どもは自然と努力を始める**のです。

教師もまた、「少し先の成長した姿」を意識しながら、指導を工夫するようになります。学級に30人、40人といれば、一人ひとりの子どもの成長を、教師1人の力で思い描くのは困難です。

しかし、**子ども自身がどういうゴールを思い描いているのかを知り、そのゴールから子どもの成長した姿をイメージするのは、比較的容易**です。

子どもの目指すゴールを知ることで、子どもが自分のことをどう考えているのか、子どもの思いや願いは何か、子どもはどういう長所があると自分で思っているのかなど、様々なことが理解できます。

そして、ゴールに合わせて、個別に最適な対応ができるというわけです。

7

教師も子どもも、無意識のうちに「成長の限界」を決めつけている

無意識のうちに限界を決めてしまうと…


A先生は、運動が極度に苦手な子を、小学校中学年で担任しました。

運動全般が苦手な子でした。普段の生活でも細かな動きになると苦労していました。

例えば、小さなものを扱う、2つ同時の動作を組み合わせる、などができないのです。

特に、相手が投げたボールを捕る、走りながら跳ぶなどの、複数の動作を伴う運動はできませんでした。

さて、その子が「泳げるようになりたい」という目標を掲げました。

A先生がその子の実態調査をしたところ、「浮く」「息つぎをする」などの基本動作さえできていませんでした。当然ながら、5mも泳ぐことはできませんでした。

しかしその子の目標は、「100m泳げるようになりたい」というものだったのです。

A先生は、「100mは難しいかも」と思いながらも、丁寧に水泳指導を続けました。

すると、少しずつですが、泳ぐ動作ができるようになり、やがて１００ｍ以上泳げるようになったのでした。保護者も、医師も、学校の教職員も、まわりの子どもたちも、その成長ぶりに驚きました。

Ａ先生の指導の工夫と子どもの真剣な練習の２つが合わさり、相乗効果が生まれた結果、子どもは大きく成長できたのでした。

この出来事は、Ａ先生を反省させました。Ａ先生はこれまで、子ども理解のための実態調査を詳しく行っていました。詳しく行ったからこそ、**「子どもの成長の限界はこれぐらいだ」と決めつけていた自分に気づいた**のでした。

また、子ども本人も、自らの成長に驚いていました。子どももまた、高い目標を掲げつつも、内心では、「自分ではこれぐらいしかできないだろう」と限界を決めてしまっていたのです。

つまり、教師も子どもも、無意識に「成長の限界」を決めつけてしまっていたのです。

「子どもの限界を勝手に決め、子どもの未来の可能性を狭めてしまっては、教育は効果的にならない」

そのことを、Ａ先生は腹の底から実感したのでした。

》子どもにゴールをもたせ、意識させる

この事例のように、子ども自らが自分の限界を設定してしまうことはよくあります。子どもにゴールを考えさせたとしても、無意識に今の自分にできそうな、低いゴールに設定してしまうのです。

これは教師にも言えます。教師も子どもの限界を設定してしまうのです。

しかも、**実態調査を念入りにした教師ほど、子どもの現状のイメージが強くなってしまい、無意識に限界を設定してしまうことがよくあります。**

現状のままでも達成できるゴールを子どもが描き、そのゴールを教師が知ったとしても、あまり意味はありません。

子どもが「今のままで努力しなくてよい」と考えてしまうからです。教師も「今のままで十分達成できるから、特別な指導をしなくてよい」と考えてしまいます。

そして、一番よくないのは、「限界はこれぐらい」と未来の可能性を狭めてしまっていることです。**本当はもっと高いゴールを達成できるにもかかわらず、あきらめてしまうの**

です。

だからこそ、ゴールは現状からすれば高いと思える目標だったり、現状とはまるで異なる理想状態だったりする方がよいのです。

医師から「運動はできない」と宣言されても、実際、泳げるようになり、しかも水泳記録会で活躍することだってあります。泳げなかった子でも、このように成長できるのです。

現状が泳げないとしても、未来の可能性はわからないのです。

子どもの実態を詳しく知り、その現状が絶対だと思ってしまうと、無意識のうちに限界を設定してしまうことがあるので、注意が必要です。

極端な話、医師が「運動はできない」と言っていて、本人も「自分は絶対に泳げない」と言っているからと、教師が教育を放棄してしまうことになりかねないのです。

そうではなく、**教師の指導や支援が必須となるような、とんでもなく高いゴールに設定するからこそ、教育の意味はあると言える**のです。

さて、ゴールを子どもにもたせるときの、その他の注意点を述べます。

まず、**ゴールにはカテゴリーがある**ということです。

例えば、学習や部活、スポーツなど、学力に関するゴールがあります。

他にも、家庭生活や健康、趣味、レクリエーション、生活の仕方など、生活に関するゴールがあります。

学級の同級生との関係、地域の子どもたちとの関係など、集団に関するゴールもあります。

このように、様々なカテゴリーにおいて、ゴールをもたせることが大切になります。

また、**ゴールを考える際「社会性」にも目を向けさせるべき**です。

ゴールを考えさせたとき、最初は自分のことしか考えないのが普通です。「自分の力を伸ばしたい」「自分だけよい状態になればよい」そう考えるわけです。

最初はそれでもかまいません。しかし、ゴールの達成を積み重ねてきたら、次のステップに移行してほしいのです。

それは、ゴールに社会性をもたせることです。平たく言えば、**みんなの幸せにもつながるゴールを考えるということ**です。

例えば、「自分のことだけでなく、学級の仲間のことを考えてみる」「自分が所属する部活の仲間のことを考えてみる」のように、自分以外に広げて考えるのです。

さらに広げると、「学級全体の幸せを考える」「学校、家族、地域の幸せを考える」のようになります。最終的には「日本の幸せ」「世界の幸せ」のように広がっていきます。

このように、みんなの幸せにもつながるゴールを考えるようになると、そのゴールは自ずと社会性をもったものになります。

すると「将来環境問題を解決するために、社会科や理科の学習を深め、自由研究に挑戦する」「将来世界と交流しないといけないので、今は英語学習に力を入れ、自主学習する」のように、より具体性のある、社会性をもったゴールを考えられるようになります。

しかも、仲良しの友だち→学級→学校→家族などまわりの人→地域…といった具合に世界が広がっていくと、今とはまったく別のゴールを思い描けるようになります。**ゴールの難易度が高まるだけでなく、ゴールは更新されていく、まったく新しいゴールを描けるようになる**のです。

最後の注意点は、**ゴールは更新されていくもの**だということです。

自信のない子は、最初は、自分にできる精一杯の高いゴールでかまいません。

しかし、案外すぐにゴールを達成できることが、子どもに理解されてきます。

ゴールを達成したら、次のゴールを新しく設定するよう促します。ゴールは自由に更新してもよいと子どもに教えます。

やがて自信が高まると、次々と高いゴールを設定し、達成していけるようになります。

8 教師の「よかれと思って」が子どものゴールをつぶしている

親身になって助言していても…

将来の進路のことで、L先生はよく子どもの相談に乗っていました。

今の実力より高い偏差値の学校を希望する子や、スポーツのプロ選手、科学者などを目指す子がいました。中には、「世界で活躍する人になる」といった目標もありました。

L先生は、このような高いゴールを目指す子を応援し、親身になって相談に乗っていました。一方で、現状のレベルとあまりにかけ離れた進路を選択しようとしている子には、「それは難しいかもね」「他にも進路はあるよ」などと助言するのでした。

L先生は、よかれと思って助言しているつもりでした。悪意などはありません。

ところが、子どもからすると、せっかく高いゴールを描き、そのための努力をしているのに、水を差されたように感じてしまうのでした。そして、**ゴールを教師と共有することをためらうようになってしまった**のです。

》教師こそが、子どもを応援し、ゴール達成をサポートする

子どもが一生懸命ゴールを描いたとします。

そのゴールは、子どもが心から実現したいと思えるものであるはずです。

子どもがゴールを考えたら、教師はサポーターにならなければなりません。

では、現状とかけ離れたゴールを目指している子がいる場合は、どうでしょうか。

この場合も、やはり教師は応援し、サポーターになるべきです。

ところが、この事例では、悪気なく、親身になって「それは難しい」と助言しています。よかれと思って発言しているのです。

このような例は、枚挙にいとまがありません。例えば、「もっと今の自分に合ったレベルの志望校にしよう」「今の自分でもやれそうな目標を考えよう」などと、**現状の延長線上で実現可能なゴールに下げるよう、助言をしてしまう**のです。

これはいったいなぜなのでしょうか。

人はだれでも、自分が慣れ親しんだイメージ通りに行動しています。

まず、多くの場合、教師は無意識のうちに「この子はこれぐらいのゴールがちょうどいいだろう」と、限界を定めています。

つまり、子どもが到達できそうなゴールを、「これぐらいだろう」と決めてしまっているのです。また、教師の価値観や信念に沿ったゴールが望ましいと、無意識に決めてしまっていることもあります。

そして、教師の想定したゴールは、教師にとって心地よいと思えるものになっています。**教師にとっては特別なサポートが必要ない、現状の範囲内のゴール**なのです。

もし、教師が無意識に想定したゴールから子どもが出ようとすると、教師は心地よくないと感じてしまいます。

なぜなら、子どもが途方もないゴールを設定した際、教師は「自分には指導できないかもしれない」「指導の仕方がわからない」と思い、不安に感じるからです。

そして、教師にとっての心地よい状態に戻そうと無意識に反応してしまうのです。

子どもからゴールを聞いたとき、「だけどね」「でもね」「いや」などと、否定の接続詞から話し始めた場合、教師は「子どものゴールを否定しようとしていないか」と、自らを振り返る必要があります。

まして、「それは難しいかもね」などと本人に直接言葉に出して伝えるのは避けなくてはなりません。言葉の力はとても大きいからです。本当は達成可能だったゴールが、達成不可能に思えてきます。これは、子どものゴールをつぶす行為です。

子どものサポーターになるべき教師が、子どものゴールを否定したり、つぶしてしまったりするのです。しかも、それは**無意識に、悪意なく、行われている**のです。

先ほど、人は自分が慣れ親しんだイメージ通りに行動すると述べました。

子どもが高いゴールを設定してしまうと、教師自身が「これぐらいは指導できるだろう」と思っている自己イメージからかけ離れた教師像を描く必要性に迫られます。平たく言えば、今よりも指導力のある教師像を思い描かなくてはならなくなります。

高いゴールほど、「指導の仕方が見当もつかない」と思えてしまうので、教師は指導に自信をなくします。だから、教師に強い抵抗が生じ、現在の自己イメージに戻ろうとしてしまうのです。その結果、教師が子どものゴール設定の邪魔をしてしまうのです。

子どもがせっかく高いゴールを描いたのですから、教師もまた、現状からすると途方もないと思える自己イメージを描かなくてはなりません。

そして教師もまた、高いゴール（指導力を磨く、力のある教師になる、など）を設定しなくてはならないのです。

そもそも、現状と未来のゴールにギャップがあるのは当然です。

未来は、現状の自分よりも成長しているはずであり、成長した自分に見合ったゴールになっているからです。

現状からすると無理だと感じるゴールでも、未来の成長した自分からすれば、ちょうどよいゴールになっているということです。

だからこそ、ゴールは、現状の延長線上になくてもよいのです。

第3章

本当は大切だけど、
誰も教えてくれない

[子どもへの対応方法]
6のこと

9

叱り方を変えても、繰り返される問題行動は解決しない

叱責しても、問題行動は変わらず…

U先生の学級に、問題行動を繰り返す子がいました。

U先生が問題と感じていたのは、例えば、次のような行動です。

・学校や社会のルールやマナー、モラルを逸脱した行動を繰り返す。

・U先生の価値観や信念に合わない行動を取る。

・U先生が、「この学年ならこれぐらいはできるだろう」と思える発達の基準に達していない行動を取る。

このような問題行動を取る子は、1人ではなく、複数いました。

例えば、次のように、守ってほしい行動を伝えたとします。

「明日、地域のゲストティーチャーが忙しい中、教えに来てくれます。くれぐれも、その人が話しているときには静かに聴いてください」

すると、複数の子がその注意を無視し、騒いだり、私語をしたり、遊んだりするのです。お礼も言わず、感想も適当に書いて終わりです。こうして、U先生がその子たちを後で叱ることになるのです。

さて、半年ほど経ったとき、U先生は**叱責が特定の子に集中している**ことに気づきました。

U先生が、「問題行動をよく起こす」と思っている子が、実際に問題行動を繰り返しているのです。

そして、何度注意しても、厳しく叱責したとしても、相変わらず、U先生が問題行動だと思う行動が続いているのです。

その結果、学級の中で叱る子が固定化されていたのです。

他の子どもたちは、U先生が「このような行動は止めよう」と注意すると、素直に聞いてくれます。しかも、「このような行動が望ましいよ」とU先生が伝えた、よい行動の方を意識し、がんばって取り組んでくれます。

U先生は、叱る子が固定化されていることに、疑問を感じるようになりました。

しかし、**何がおかしいのかはわからない**のでした。

》子どもの「自己イメージ」を、新しいものに変える

この事例では、教師の叱責が特定の子に集中する現象が起きています。これは、なぜなのでしょうか。

原因の1つに、**子どもの「自己イメージ」の問題**があります。

これまで繰り返し述べてきたように、人は自分自身へのイメージをもっています。そして、だれしも、この自己イメージ通りに行動しています。しかも、それは無意識下で、自然と、そうなってしまっているのです。

叱責されている子どもたちは、「いつも教師から叱られている」という自己イメージをもっています。しかも、その自己イメージに慣れ親しんでしまっています。よって、**「教師から叱られている自分」の方が普通に感じられている**のです。

そのため、無意識に教師から叱責される行動を繰り返してしまっています。

もし、1日に一度も教師から叱られなかったとします。すると、その子からしたら、慣れ親しんだ自己イメージとは違った1日になったと感じます。強く感じなくても、なんと

なく「何か居心地が悪いな」「いつもと違うな」などと思ってしまいます。

その結果、次の日には教師から叱られる行動を取ってしまうのです。そうすることで、「いつも教師から叱れている自分」という、慣れ親しんだ状態に戻るからです。

このように、人はだれしも自己イメージに合致する行動を取っています。

このことから、対応の原則もわかります。つまり、**「いつも教師から叱られている自分」という自己イメージを、新しいものに変えていけばよい**のです。

ところが、この事例では、半年経っても教師から毎日叱責されています。これは、「いつも教師から叱られている自分」という自己イメージが毎日強化されていることを意味します。

よって、**叱り方を変える、その子の問題行動が起きないよう先回りして指導する、といった「対症療法」では問題を解決できません。**

そうではなく、その子の自己イメージを根本から新しいものに変える必要があります。

教師から叱責されても行動を止めないのですから、「エネルギーのある子どもたち」と言えます。

そこで例えば、「率先してリーダーシップを発揮できる自分」「学級のために行動でき、みんなから感謝される自分」などの新しい自己イメージをもってもらうよう導きます。

新しい自己イメージをもたせる方法は、すでに説明しました。

まずその子の自己評価を高めます。次に、遠い未来に実現したいゴールを描かせます。

ゴールを描くと、今の自分はどうあるべきかが決まります。

この今あるべき自分が、新しい自己イメージになります。

ゴールが新しいほど、自己イメージも新しくなります。

新しい自己イメージを子どもがもてたら、その新しい自己イメージに慣れ親しめるようにしていきます。

この**「新しい自己イメージに慣れ親しめるようにする」ことこそ、教師が工夫すべき対応**になります。

例えば「リーダーシップを発揮できる」が新しい自己イメージなら、次のように対応していきます。

①「いつもリーダーシップを取ってくれてありがとう」と教師が毎日感謝する。
②活動でリーダーを任せ、そのがんばりにまわりの子から感謝が集まるようにする。

［子どもへの対応方法］6のこと

③ 最近がんばっていることを本人に尋ね、よいところ、がんばっているところだけを振り返ってもらう。

つまり、新しい自分に慣れ親しめる材料が、本人に集まるようにしていくのです。

人は、自己イメージを1つしかもつことができません。**同時に2つの自己イメージをもつことはできない**のです。

そのため、新しい自己イメージの方に慣れ親しんでくると、過去の「いつも教師から叱られている自分」という自己イメージの方は維持できなくなります。

すると、うそのようにその子の行動は変化を見せます。叱責は減り、むしろ、教師が感謝ばかりしているような日々になっていくのです。

教室の中で、いつも同じような間違いや失敗、問題行動を取る子はいないでしょうか。

いつも発表になると緊張して失敗する子、本番になると力を発揮できない子、やってはいけないことを繰り返す子。そういった子は、「うまくいっている自分」をイメージできていないから、そうなるのです。

新しい自己イメージをつくり上げないと対症療法では解決しないので注意が必要です。

10

問題行動の根本的解決のカギは、ゴール側から考えることにある

叱っても次の日には同じこと、を繰り返し……

G先生は、日頃、問題行動を頻繁に起こす子のことが気になっていました。問題行動を起こすたび、その対応に追われていたからです。

例えば、授業中に大きな声で私語をしたり、遊んだりして、まわりの子に迷惑をかけています。

休み時間には、友だちとけんかになることがよくあります。

他にも、学校のものを壊したり、なくしたりします。一度、給食中に嫌いな食べ物を多く盛られたと、食事をひっくり返したこともありました。

G先生は、「これは問題だ」と思うたび、その子を個別に指導しました。時には、放課後にその子を残し、懇々と話をすることもありました。

「私語や遊びなど、他の人の学習の迷惑になることを止めなさい」

「友だちとけんかにならないよう、文句や悪口を言うのは止めなさい」

「学校のものはみんなが使うものだから、壊すような扱い方は止めなさい」

このように伝え、明日からは気をつけるよう約束するのでした。

毎回、個別指導は長時間にわたりました。

ところが、「明日から」と約束したのに、次の日になると、またものを乱暴に扱ったり、学習中に騒いだりするのです。

問題が起きるので、仕方なく個別に指導します。しかし、次の日になると同じような問題行動を起こすのです。**毎日がこの繰り返し**でした。

Ｇ先生は、毎日その子の問題行動への対応に時間を取られていました。

いわば、その子と関わる時間のほとんどが、問題行動への対応というありさまでした。

問題行動を減らしたいと思うあまり、厳しく対応することもありました。保護者を呼んで話をしたり、掃除をさぼっていたから休み時間に掃除をさせたりしたのです。

しかし、問題行動の数は減りませんでした。

それどころか、**徐々に問題行動の数が増えているようにさえ感じられる**のでした。

》「はじめにゴールありき」を意識する

この事例のように、起きた問題に対し、問題を減らそうと対応するのは、医学で言えば、「対症療法」にあたります。

対症療法も時には必要ですが、そればかりでは根本的な解決には至りません。

根本的に解決するには、ゴール側から対応を考える必要があります。

先に述べたように、人は、自分が慣れ親しんでいる「自己イメージ」通りに行動しています。

この自己イメージは大変強固です。

もし、事例の子が、「自分はいつも問題を起こして、教師に叱られている」という自己イメージをもっているなら、そのイメージに従って行動します。

しかも、その行動は無意識に、自然と行われているのです。

そこで、根本的な解決には、自己イメージを新しいものに変える必要があります。

そして、**自己イメージを新しいものに変えるには、その子に新しいゴールを描いてもら**

う必要があるのです。

さて、その子が、新しいゴールを描いたとします。新しいゴールは、現在の延長線上にはないゴールであるはずです。

新しいゴールが決まると、今、どういう姿であるべきなのかの「新しい自己イメージ」も決まります。**ここで教師が、新しい自己イメージの方に慣れ親しめるよう、対応することが大切**です。

例えば、子どもが「学級のみんなに自分のがんばりを認められたい」「自分の力を伸ばしたい」「友だちと毎日楽しく過ごしたい」といった新しいゴールを描いたとします。

ここでは、子ども自身にそのゴールを考えてもらうことが大切です。**教師が「約束」という形で押しつけるのではなく、あくまで、子ども自身に発想してもらう**のです。

子どもが発想した理想像が、1年後のゴールになります。この新しいゴールを、教師も共有します。

なお、ゴールは子ども自身の思いや願いが主でつくられますが、他の影響も受けています。保護者の思いや願いの影響も受けますし、日頃、教師が伝えている思いや願いの影響も受けます。

そのため、**日頃から教師が「こんな理想を描くといいね」と話している内容は、無駄ではありません。**積極的に望ましい姿を伝えていけばよいのです。

さて、新しいゴールを描き、新しい自己イメージに慣れ親しんでくると、子どもの考え方や行動が、新しいものに変化し始めます。

新しい自己イメージに慣れ親しむことで、「自分は今、何をすればよいのか」が見えてくるからです。つまり、**ゴールを達成するための、手立てや道筋が見えてくる**のです。

例えば、「1年後に、友だちと協力して学びを深めることができている」ならば、「今は、4人グループで自分の役割に責任をもって取り組む」ことができなくてはなりません。

「1年後に、休み時間に友だちと仲良く遊べている」なら、「今は、相手の気持ちを考え、相手を非難しないようにする」ことができないといけません。

このように、**ゴールが決まるからこそ、今あるべき姿が描け、今何をすればよいのかが見えてくる**のです。だから、考え方と行動が新しいものに変化し始めるのです。

教師の対応にも、変化が起き始めます。子どものゴールを知ることで、今その子にどんな対応をしなくてはならないのか「具体的な手立て」が見えてくるからです。

授業中に私語を頻繁にしているとしても、子どものゴール側から考えた、今あるべき姿を頭に描くようにします。

「1年後に、友だちと協力して学びを深めることができている」なら、今は「グループの中で、自分の意見をしっかりと主張できる」ぐらいはできていないといけません。

すると、私語を注意することも必要ですが、それ以外の対応も必要になることがわかります。例えば、その子の意見を教師が一対一で聴いてみて、考えや意見をもてたことをしっかりと認めればよいのです。

このように、教師が、子どものゴールを理解し、子どもの今あるべき姿をイメージすることで、対応が変わってくるのです。

さて、ここで注意点があります。それは、せっかく新しいゴールを子どもが考え、新しい自己イメージを子どもがもてたのに、**まわりの人が、以前のイメージのまま接する**という問題です。

例えば、その子の一番身近にいる友だちが、「お前らしくないぞ。何やってるんだ?」とか、「いつものように授業中におしゃべりしようよ」などと働きかけてくるのです。

また、保護者が「今まで悪さをしていたんだから、どうせ隠れてやっているんでしょ」などと、心ない言葉かけをすることもあります。

そして教師すら、「急に点数が上がったな。カンニングとか不正行為をしていないよな？」などと、心ない言葉かけをしてしまうことがあるのです。

当然、これは絶対に御法度です。むしろ教師は、以前のその子のイメージに戻そうとするまわりの動きを止めなくてはなりません。

そこで、まわりの子にも働きかける必要があります。「この子は新しい自分になったのだ」と、知らせていくのです。

「○○君は、自分の意見を進んで発表するようになってきたので、話し合いが得意になったよ」「○○君は話し合いのときに司会をよくやってくれて、司会が板についてきたよ。責任感がもともとあったのだから、本来の姿が発揮できてよかったです」

この言葉を、まわりの子にも聞かせるのです。すると、まわりの子のその子に対するイメージが変わっていきます。

子ども対応の大切な点は、その子の新しい自己イメージを壊すような環境を決してつくらず、新しい自己イメージに慣れ親しめるような環境をつくることにあるのです。

それは、子どもに、心から達成したいと思えるゴールを考えさせることから出発するのです。新しいゴールができたら、望ましい対応方法も見えてきます。

11 短所に注目すると、短所がより強化される

前もって注意喚起しているのに…

T先生は、子どもの短所を矯正したいと考えていました。

例えば、場の雰囲気にそぐわない行動を繰り返す子が学級にいました。教師が話している最中に私語をしたり、式典の最中に友だちにいたずらしたりと、場にそぐわない行動を繰り返しているのです。

「まず説明を聞いてから行動してね」と伝えると、説明前に行動を始めてしまいます。

「避難訓練は大切なので、真剣に取り組みましょう」と伝えたのに、友だちとふざけたり、走ったりしています。

教室に新しい教材を入れたときも「みんなで使いたいから、大切に扱いましょう」と伝えたのに、雑に扱って壊してしまいました。

不思議なことに、T先生が短所として気にしている行動を、いつもその子が行っている

ように見えるのです。そしてT先生は、その子を頻繁に注意することになるのでした。

やがて、短所を注意される回数が多くなり、その子は教室で落ち込んだ姿を見せるようになりました。T先生も叱ることの繰り返しで、疲弊していきました。

2学期になり、業を煮やしたT先生は、事前にその子に注意喚起することで、問題を未然に防ぐことにしました。

「〇〇さん、前にものを壊したでしょ。丁寧に扱うのですよ」

「〇〇さん、前に式典の最中に大声で話をしていたでしょ。静かにしているのですよ」

このように前もって注意し、問題が大きくならないようにしたのです。

しかし、これも効果がないどころか、逆効果になっているようでした。余計に短所が目立つようになってしまったのです。不思議なことに、**前もって注意喚起するほど、子どもの短所が目立ち、結果として、叱責の回数も多くなってしまう**のです。

T先生は子どもの成長を心から願い、短所の矯正に力を入れていました。子ども本人にも「ここが短所だよ。直そう」と伝え、親身に指導を続けてきました。

だれよりもその子の成長を願っている自負はあったのです。しかし、短所は直らないばかりか、余計にひどくなっているように感じられるのでした。

①教師の子どもに対するイメージと、意識を変える

この事例でも、「人は自己イメージ通りの行動をしている」というからくりが隠れています。

これまでも繰り返し述べてきたように、人は自分自身に対して、何らかのイメージをもっています。この慣れ親しんだ自己イメージに合致した行動を、無意識のうちに選択しているのです。

もし教師が、子どもの短所に注目し、短所を注意したり叱ったりしているなら、その子は、「自分はこんな短所をもつ人間なのだ」という自己イメージをもってしまいます。**毎日注意が繰り返されているなら、短所をもつ自己イメージはより強化されます。**その結果、ますますその自己イメージ通りに行動するようになるのです。

先にも述べましたが、人は自己イメージを1つしかもつことができません。よって、教師が繰り返し短所を本人に意識させることで、短所をもつ自分しかイメージできなくなってしまうのです。

このことは教師に対しても言えます。教師もまた、子どもに対するイメージは、1つしかもつことができません。

教師がもし、「短所をもつ子」というイメージをもっているなら、そのイメージでしか子どもを見ることができなくなってしまうのです。

その結果、教師には子どもの短所がますます見えてしまいます。短所に注目しているからこそ、短所につながる行動が次々と見えてくるのです。

では、どうすればよいのでしょうか。

答えは、**このからくりを逆手にとればよい**のです。

つまり、その子のイメージは本人も教師も1つしかもつことができないのですから、両者とも、新しいその子のイメージを描くようにすればよいのです。

冒頭の事例には、続きがあります。

悩んだT先生は、あることをやってみました。その子のよさに注目し、その子のゴールを知ったうえで、「少し先の成長した姿」を強くイメージしてみたのです。

すると、今度は、事例と反対のことが起きました。すなわち、その子の長所やがんばり、秘めた力、前向きな姿勢など、よいところが見えてきたのです。

しかも、**その子の「少し先の成長した姿」をイメージすればするほど、その子のほんの少しの成長も次々見えてくるようになりました。**

「いつもは場にそぐわない行動を取った後に反省はしていないが、今日は少しだけ素直に反省した」「今日も場にそぐわない行動をしたけれど、場に合った行動を取ろうと意識はしていた」といった具合です。

このように、教師の意識が集中している姿が、急に見えてくるようになったのです。

そして、**子どものよさに対して、事あるごとに「ほめる、認める、励ます」言葉かけをしていました。**「いろいろなアイデアを考え、すぐ行動に移しているね」、「先頭に立って行動できていたね」、「まわりを盛り上げてくれてありがとう」といった具合です。

こうなると、子どもにも変化が現れました。

「少し先の成長した姿」の方を、新しい自己イメージとして意識するようになったからです。そして、自分の長所を生かして行動するようになりました。すると徐々に「場にそぐわない行動を取る」という短所も消えていったのです。むしろ長所を生かして活躍できるようになったのです。

やがて、まわりの子どもや保護者も、その子のよさの方に意識がいくようになりました。まわりがその子のよさに注目するようになると、本人にも自信が生まれました。

そして、新しい自己イメージの方に慣れ親しむようになり、ますますよさを発揮できるようになっていったのです。

子ども対応で重要な点は、子ども対応の技術や方法を工夫することだけではありません。**教師の子どもに対するイメージや集中させる意識を変えることで、子どもが自然とよい方向へ変化を始める**のです。

子ども対応で一番に変えるべきは、教師がもつその子へのイメージであり、教師の意識だったのです。

》②一点突破→全面展開を考える

ここまでの事例でもたびたび出てきたような、問題や課題を多く抱えている子の場合、どう対応すればよいのでしょうか。

問題や課題が多いほど、自己評価も下がっていることがよくあります。

ところが、**何か1つでも得意なことができ、それで自信が高まると、新しい自己イメージをもてるようになる**ことがあります。そして、問題や課題が目立たなくなり、自分のよさを生かして生活できるようになるのです。

ある年、高学年の不登校の子を担任しました。過去1年分の学習ができておらず、学習に対して自信を失っていました。

「授業にとてもついていけないと思う」と、不安そうな声で訴えました。

その子は、他にも自信のなさを抱えていました。「友だちをつくるのが苦手。話すのも苦手」「集団で協力する活動が苦手」「学校に1日いると、人間関係で疲れてしまう」「行事など多くの人に見られる活動が苦手」などです。自分がいかに学校で過ごすことが難しいかを、私に訴えたのでした。

私はその子と1年後のゴールを共有しました。ゴールはささやかなものでした。

「学習が普通ぐらいにできるようになりたい」

「友だちと仲良く学校で過ごしたい」

そして、このゴールを達成できるようサポートすると約束しました。

さて、学級開きからしばらくして、その子が算数を得意とすることに気づきました。

そこでまず、算数を重点的に教えることにしました。不登校のため未学習になっている内容を個別に教えました。また、2学年前の問題集を渡し、自分が簡単だと思える問題から解くよう伝えました。

2学年戻っても、まだ理解できないところがありました。理解できない問題があると、さらに内容を遡り、自分が簡単だと思える問題から解くよう伝えました。

毎日、少しずつですが、着実に問題集を解いていきました。その努力を認め「この調子なら、今学習している問題も解けるようになる」と励ましました。

前向きな言葉をかけ、「もうすでに高学年の算数が理解できている自分」のイメージに

慣れ親しませるようにしていきました。すると、家でも、問題集や教科書の問題を解くようになりました。保護者が驚いて、学校に感謝の電話をかけてきたほどでした。これまで家ではゲームばかりで、学習に取り組むことがなかったからです。

結局、1学期のうちに現在の学習内容に追いついたばかりか、学級でも算数が得意な方になりました。この事実は、その子に自信をもたらしました。

算数が得意になり、自信を得たその子は、高いゴールを考えられるようになりました。そして、他の教科でも、算数と同様に「できるようになりたい」と考えたのです。

やがて、他の教科にも意欲的に取り組むようになりました。国語の漢字も驚くべきスピードで習得し、社会や理科などの教科でも活躍するようになりました。

一番驚いたのは、当時行っていた百人一首を、学級で一番にすべて暗記したことです。その子はそれまで百人一首をやったことはありませんでした。にもかかわらず、百首すべて暗記したのです。さらに、苦手な体育もがんばるようになりました。

学習に自信を得てからは、集団生活の様子も変わりました。人づき合いが苦手だったのに、グループ学習に協力して取り組むようになったのです。また、話し合いでも意見を積極的に交流するようになりました。さらに、休み時間には、友だちと仲良く遊ぶようになりました。

結局、その1年間は、ほぼ休まず学校に来ることができたのです。

この子は、**算数で「一点突破」し、自信が高まったことで、自己イメージが大きく変わりました。**「自分はやればできる人間だ」「自分はすごい可能性を秘めている人間だ」という新しい自己イメージの方に慣れ親しむようになったのです。

すると、**その新しい自己イメージに合致する行動を、算数に限らず「全面展開」していくようになった**のです。

このような例は、本当にたくさんあります。水泳が極度に苦手だった子が、たった1か月で100m以上泳げるようになると、他の運動にも積極的に取り組むようになり、結局運動全般が得意になった、といった具合です。

すべて、「新しい自己イメージに慣れ親しむことで、その自己イメージ通りに行動するようになった」と説明できます。

つまり、漢字が書ける、計算ができる、跳び箱が跳べる、25m泳げる…のような比較的簡単なこと（教師の指導によって達成させられること）が1つでもできるようになると、

「自分はやればできる人だ」と思え、自己評価が高まるのです。

すると、他の教科も「できて当たり前」という自己イメージの方に慣れ親しむようになります。だから、もし自信を失い、高いゴールを描けない子がいたとしたら、まずは一点突破を考えたらよいのです。

これは、学習が得意な子でも同じです。

例えば理科や社会など、特定の教科が得意なら、その教科を極め、ものすごくできるようにするのです。

すると、「自分はこの教科がこんなにできるのだから、他の科目も同様にできるはずだ」と思え、実際に他の教科の成績も軒並み上がっていくのです。自然と努力が始まるからです。

ここで大切なことは、**その子自身にゴールを考えてもらい、自己評価を高め、その子のもつ自己イメージを変えること**です。

自分へのイメージが変わるから、自然と、前向きな行動が増えてくるのです。

算数ができて当然の自分のイメージがあれば、もし悪い点数を取っても、自然と努力が始まり、次はよい点を取ることができるのです。

12 「北風」の対応で子どもは変わらない

注意や叱責を繰り返しても…

F先生の受けもった学年は、荒れの雰囲気がありました。荒れは年々ひどくなっていました。そのため、F先生は、「まず秩序をつくる必要がある」と考えました。そして、子どもの逸脱行動を見つけては、注意や叱責をしました。もちろん、中にはがんばっている子もいました。しかし、がんばっている子よりも、ルールやマナーを守らない子が多く見られました。そのため、「ほめる、認める、励ます」という前向きな声かけより、注意や叱責の方が、つい多くなってしまうのでした。

F先生には、「このように育ってほしい」という教育への強い情熱がありました。逸脱行動があると、見逃すことはせず、必ず時間をかけて指導しました。しかし、また同じ子が逸脱行動を繰り返します。そこで今度は、より強く注意や叱責をします。こうして、**荒れは収まるどころか、徐々にひどくなっていく**のでした。

≫ ①環境を変える

この事例では、注意や叱責によって子どもを変えようとしています。

『北風と太陽』の童話で例えると、注意や叱責は、いわば「北風」に相当します。**叱る、罰を与えるなどの外部的な力によって、子どもを変えようとしている**のです。

ところが童話の通り、北風（外部的な力）によって子どもを変えようとしても、うまくいきませんでした。それどころか、荒れが深刻化するに至ったのです。

この状況を解決するには、外部的な力だけでなく、内部的な力も意識する必要があります。**内部的な力とは、子ども本人が「変わりたい」と思えるようにする**ということです。

つまり、教師が子どもを無理に変えようとするのではなく、どうやったら子ども自身が自分の行動をよりよくしようと思えるかを考えるということです。

大切なのは、**その子が自発的に行動するよう導く**ことです。

そのうち、この事例の第一の解決策は、「環境を変える」になります。

子ども本人が行動を改善したいと思えるような環境をつくるということです。

例えば、問題行動には注目せず、前向きな行動に注目し、称賛する環境をつくるのも、その1つの工夫です。

そもそも、問題行動を繰り返す子は、「問題行動を起こすと、自分にとってメリットがある」と感じていることが少なくありません。

問題行動によって教師から注目を集められるので、うれしいと感じる子もいます。問題行動のたび、教師から注意されたり、驚かれたりと、関わりがもてることがうれしいのです。

また、問題行動によって、まわりの子どもたちからの注目や評価を得ることができる場合もあります。まわりがはやし立てたり、称賛したりする雰囲気があれば、また次も気持ちよくなりたいので、問題行動を起こすのです。

よって、問題を解決するには、その子のよさが発揮されたときや、その子が前向きな行動を起こしたときこそ、注目や称賛が集まる環境をつくらなくてはなりません。

前向きな行動を起こすと教師に注目してもらえる、みんなからも一目置かれるという環境をつくると、「自分の行動を改善しよう」と思えます。

自分で行動を変えようと思わないと、子どもはなかなか変わらないのです。

≫ ②教師の対応を変える

この事例の第二の解決策は、「教師の対応を変える」ことです。

これまで繰り返し述べてきたように、問題行動を起こす子の自己イメージを、よりよいものに変えていく対応にしていくのです。

自己イメージを変えるには、子どもに高い目標や実現したい理想の状態をイメージさせる必要がありました。つまり、子どもにゴールをもたせる必要があったのです。

そして、ゴールは、現状からすると達成困難と思える「高いもの」に設定する必要がありました。

今の自分からするとレベルが高いと思えるゴール、そして、自分だけでなくまわりや社会まで含んだ広範囲のゴールを設定する必要があったのです。

そのような高いゴールを描けるようにするには、出発点として、最初に自己評価を高める必要がありました。

つまり、整理すると、次の順序になっているのです。

①子どもの自己評価が高まる
②高いゴールを描くことができるようになる
③新しい自分へのイメージが生まれる
④新しい自分へのイメージに慣れ親しむようになる
⑤慣れ親しんだ自分へのイメージ通りに、自然と行動するようになる

この順序で子どもに対応すると、子どもにとって無理が生じません。自然と子どもの行動はよい方向へ変化していくのです。

もちろん、子どもがどんなゴールを描き、どんな理想の自分をイメージするのかは自由です。子どもの心は子どものものであり、他のだれかの所有物ではありません。むしろ、**子どもに自分の心を自分でコントロールしているという感覚をもってもらうことが大切**です。

さて、ここで「高いゴール」には2つの意味があることを意識しなくてはなりません。

1つは、文字通り、現状では達成できそうにない、自分が成長しないと達成できない

「難しいゴール」という意味です。こちらのゴールは、多くの教師が意識できていると思います。

では、もう1つの意味とは何でしょうか。

それは、「新しいゴール」という意味です。

現状の延長線上にないような、今まで考えもしなかったような、そのようなまったく新しいゴールという意味です。こちらを意識できている教師は多くありません。

現状がよくない状態なら、新しいゴールを考えてもらうのもよい対応です。

例えば、ある子が「将来、海外の人とコミュニケーションを取りながら、世界に貢献したい」というゴールを新しく考えたとします。これまではそんなことを考えてもみなかったのに、新しく考えたわけです。

新しいゴールを描くと、今あるべき姿も、まったく新しいものに変わります。

1年後には、「簡単な英会話ができるようになっている」でしょうし、現在は、「英会話を耳で聞き慣れている」程度になっておく必要があります。

世界の多様な人とコミュニケーションを取れるなら、今近くにいる同級生とも上手にコミュニケーションが取れていなくてはなりません。また、ルールやマナーを守るなど、自分を律することも、当たり前のようにできていないといけません。

このように、新しいゴールを描くこともまた、難しいゴールと同じように価値があります。**新しいゴールを描くことで、「今あるべき自分」も更新され、新しい自己イメージができ上がる**というわけです。

新しい自己イメージに慣れ親しむと、自然と子どもの考え方も行動も変わります。

もし、英会話を毎日耳で聞いているのに、英語のテストで低い点を取ったり、英会話でわからない内容があったりすると、「これは自分らしくない」と思えます。

そして、その状況が「許せない」「不満だ」「おかしい」「こんなはずはない」と感じ始めます。その結果、自然と努力が始まるのです。

つまり、**新しくもった自己イメージに合致する方向へ、自然と自ら動き始める**わけです。

なお、最初に子どもに高いゴールを描かせると、現状の延長線上の姿を描くことがほとんどです。最初はそれでもかまいません。

ただ、本来ゴールは自分が自由に決めてよいものです。そこで、「自分が本当に達成したいと思えるゴールでいいんだよ」と助言することが大切になります。

しばらくして、最初に描いたゴールを達成できます。すると、高いゴールを描き、成長した自分をイメージすることにも自信が出てきます。

そうなると、現状の延長線上ではない、まったく違った自己イメージをもてるようになっていきます。「問題行動を起こしている自分」というイメージはなくなってくるのです。

ここでの教師の対応は、主に、**子どもの自己評価が高く維持されるよう言葉かけをしたり、自己評価がさらに高まる環境をつくったりすること**になります。

そして、教師もまた、子どもが描いた高いゴールをサポートできるよう、子どもの成長をイメージしながら、日々接することが大切になります。

例えば、陸上記録会で優勝するのが1年後の目標だとして、今は放課後陸上競技クラブでエースとして活躍している姿を思い描くなら、**すでにエースとして活躍しているように接する**のです。

力のあるベテラン教師が、理科が得意な子どもに出会ったとき、「将来のノーベル賞受賞者かもしれない」と思って接していることがあります。それと同じ対応をするのです。

すると、子どもの中で徐々に、「今、放課後陸上競技クラブのエースなのだ」「今、子どもだけど、すでに科学者の一員なのだ」といったイメージに慣れ親しむようになります。

陸上競技のエースなら、片づけもきちんと行いますし、練習にも人一倍真剣に打ち込むことになります。また、放課後だけでなく、朝練もするかもしれませんし、自分で記録を伸ばすための学習を始めるかもしれません。

教師がやかましく言わなくても、自然とそうなるのです。

子どもの内部からやる気が高まり、自然と行動が開始される方が、より子どもが変化します。つまり、自発的な行動を引き起こすことができたのです。

・自己評価を高く維持できるよう接する。

・「少し先の成長した姿（新しい自己イメージ）」に慣れ親しめるよう接する。

このように、教師の対応を、子どもの自発的な行動を引き起こす方向の対応に変えていけばよいのです。

13

一番怖いのは、無意識に繰り返される「やってはならない対応」

「望ましい対応」は意識できていても…

Ｙ先生は、子どもの自己評価を高め、やる気を引き出すことを意識していました。

しかし、自分でも気づかないうちに、子どもの自己評価を下げる言葉かけをしてしまうことがありました。例えば、叱る場面で、次のように言ってしまうのです。

「このようなことをする人だとは思いませんでした」

「約束したこともできないのですか。約束を守らない人なのですね」

「いつも適当にやるのですね。だらしないですね」

このように「あなたは、〇〇な人」という人格を取り上げて話してしまうのです。

人格を否定されると、子どもは深く傷ついてしまいます。

他にも、能力や未来の可能性を否定する言葉を口に出してしまうことがありました。

「簡単な作業もきちんとできないなんて、いけないですね」

「こんな行動を繰り返していると、ますますダメになってしまいますよ」

能力や未来の可能性を否定される言葉もまた、子どもを深く傷つけてしまいます。

これらの言葉かけは、子どもの自己評価を大きく下げます。また、子どもが高いゴールを維持するのを妨げてしまいます。

子どもの受け取り方によっては、「存在を否定されている」という最も深刻な影響を与えることもあります。

「叱るときは、人格や能力、未来の可能性を否定してはならない」

この原理原則を、Y先生は知らなかったのです。知らないことは意識に上りません。そのため、気づかぬうちに、このような言葉かけになってしまうことがあったのです。

叱るときは、表面上の態度や行動を取り上げるべきでした。

例えば、「そのような行動（態度）はよくないから、次からこうするといいよ」などと、言葉かけすべきだったのです。さらに言えば、「本当のあなたは、このようなよくない行動は取らない人だよ」と自己評価を高める言葉を入れるべきでした。

このように、子ども対応には、「やってはならない対応」が存在します。**望ましい対応だけでなく、やってはならない対応も知り、意識しておくべきだった**のです。

〉「やってはならない対応」も意識しながら、日々の対応を行っていく

多くの教師は、子どもへの「望ましい対応」は意識できているものです。ところが、事例のように、「やってはならない対応」は意識できていないことが少なくありません。

例えば、次のような、やってはならない対応が教育の世界にはあります。

・学校内での成績や成果だけを過大視し、他の能力や可能性を認めない。
・子ども以外のだれかのために教育をしている（子ども本人のためになっていない）。
・目的や意義、理由などを説明しない。
・教師の価値観や信念に合っているもののみ善とし、合っていないものは悪とする。
・やらせっぱなしで、評価やフィードバックをしない。
・子どもに質問や相談をさせない。質問・相談しやすい雰囲気をつくらない。

これ以外にも、多くのやってはならない対応があります。

中でも、**その子の自己評価を下げてしまう対応や、新しい自己イメージを阻害する対応、高いゴールの維持を邪魔する対応には、注意を払わなくてはなりません。**

例えば、叱るときに、つい「ＷＨＹ（なぜ）」で話をすることはないでしょうか。

「なぜこんなよくない行動をしたの？」といった具合です。

人は、「なぜ」から始まって問われると、責任を追及されていると感じたり、非難されていると感じたりします。

それよりも「ＨＯＷ（どうやったら）」から始まる問いで言葉かけをすべきです。

「起きたことは仕方ないよ。このあと、どうやったら挽回できるかな？」

これなら、未来志向で、よりよいゴールに向かっての話ができます。非難されている雰囲気はなくなり、サポートされている雰囲気も出てきます。

なお、**ほめるときには、ＷＨＹを入れると子どもにとってプラスに作用します。**

「どうしてこんなにがんばれたの？」「こんなに結果がよかったのはなぜ？」「よいところが発揮できたのはなぜ？」

こんな具合です。よいことの理由を説明するのですから、自己評価も高まりますし、新しい自己イメージに慣れ親しませる効果を発揮するのです。

このように、子どもにとってプラスになる対応を知ると同時に、子どもにとってマイナスになる対応も知り、意識しておく必要があるのです。

もう1つ、やってはならない対応の例をあげます。

それは、子どもが考えた高いゴールを否定してしまうことです。

その子の力や個性、過去の様子を詳しく知っている教師ほど、「この子に高いゴールは無理だ」と考えてしまいます。

これは、**無意識のうちに行われることが多いため注意が必要**です。

先にも述べたように、子どもが高いゴールを描くほど、教師にとっては「普通の状態ではない」と感じられます。そして、居心地が悪く感じられます。そして、無意識のうちに子どものゴールを否定してしまうのです。

だからこそ、**子どもが高いゴールを描いたとしても、それを「否定しない」と意識しておく必要があります。**そして、ゴール達成のサポーターにならないといけないのです。

なお、タブーの対応には、教師の価値観や信念も関わってきます。

例えば教師の価値観や信念が、「子どもには（人間には）、無限の可能性がある」というものなら、何の問題もありません。

しかし例えば、「過去にできなかったことは、未来もできないだろう」「過去の能力が低かったら、未来の能力も低いだろう」といった価値観や信念をもってしまっているとどうでしょうか。

その場合、無意識のうちに、その子の自己評価や新しい自己イメージを壊す対応をしてしまうことがあるのです。

よって、**教師は自分の価値観や信念をも振り返らなくてはなりません。**

そして、子どもの成長や未来の可能性を阻害するような考え方は、修正しないといけないのです。

そのうえで、やってはならない対応への自覚が必要になります。

一番怖いのは、無意識に、無自覚に、やってはならない対応を繰り返している状態なのです。

14 問題行動は個性が原因ではなく環境が原因

繰り返される問題行動に…

E先生の学級では、頻繁に問題行動を起こす子がいました。

何度E先生から注意されても、次の日には問題行動を起こすのです。

例えば、友だちとけんかする、学校の備品に落書きをする、校庭の花壇を荒らす、といった具合です。

複数の友だちを引き連れていたずらをすることもあり、廊下でボール遊びをしたときには、窓ガラスを割ってしまったこともありました。

その他、教室の本を破ってしまう、プリントを紙飛行機にして飛ばす、2階からものを落として運動場にいる人たちを驚かせるなど、枚挙にいとまがありません。

E先生は、いくら注意しても問題行動が減らないので、**「この子の個性や性質の問題だ」と考え、指導をあきらめそうになるのでした。**

〉〉その子本来のよさが出てくる環境づくりを考える

子どもが問題行動を繰り返しているとき、それを見た教員は「子どもの個性や性質が原因だ」と考えがちです。

「その子は、もともと乱暴なのだ」
「その子は、何度注意されても聞かない性質なのだ」
「その子が未熟で、発達上の課題があるのだ」
「その子は、注意されても理解ができないのだ」

ところが、同じ子どもが、他の場所、教室以外の場所だと、まったく別の姿を見せることがよくあります。

実際、この事例の子どもは、地域の集まりでは低学年に優しく接し、リーダーシップを発揮して導くことができていました。人一倍みんなのために行動できるのです。何か頼まれても真面目に取り組むことができるのです。

教室で同級生と一緒になると、問題行動を繰り返します。しかし、他の場所だとまったく違った姿になります。つまり、**環境が異なると現れる姿も異なる**のです。

だとするなら、子どもの個性や性質だけが、問題行動の原因ではないということがわかります。


ここで、もう1つの原因に目を向けなくてはなりません。

それは、**その子のまわりの環境の影響**です。

環境を考えるうえで、まず振り返るべきは**「学級の雰囲気」**です。

学級の雰囲気は、子どもに大きな影響を及ぼしています。

例えば、学級の雰囲気が「いたずらをおもしろがる」というものなら、その雰囲気に沿った行動を起こしやすくなります。

この場合、学級の雰囲気の方を、先に変えなくてはなりません。

さて、環境を考えるうえでもう1つ振り返るべき点があります。

それは、**「まわりの人との関係性」**です。

どんな人でも、まわりの人との関係性の中で、自分がどういう人間かを考え、そのイメージ通りに行動する傾向をもっています。

例えば、去年までいたずらを繰り返していた仲間と一緒にいるときだけ、いたずらを行うといった具合です。しかし、仲間がいないときには、本来の自分に戻り、真面目に取り組むのです。

このように、「まわりにいる友だちからイメージされている自分」を、そのまま演じてしまうことが少なくありません。

よって、もし問題行動が頻発しているなら、まわりの人との関係性の中で、そういう言動を取っている可能性を考えなくてはなりません。つまり、**「本人と周辺の子どもたちとの関係性、本人と教師との関係性の影響かもしれない」と考える**のです。

そして、その子本来のよさが出てくる環境づくりを考える必要があります。

なお、この事例も「自己イメージの通りに人は行動する」という捉えで説明が可能です。

この事例では、同級生との関係性が問題でした。同級生から「あの子はいつもいたずらをしてトラブルを起こす子」「荒れている子」などと思われていたので、そのイメージに合致した行動を取っていたのです。

よって、そのイメージを変える対応が必要になりました。

具体的には、**教師が従来のその子のイメージと反対の事実を取り上げ、まわりの子に伝**

[子どもへの対応方法] 6のこと

えていきました。

　もちろん、本人の自己イメージも変えるため、自己評価を高めたり、「少し先の成長した姿」を意識させたりしました。

　その子のいたずらをはやし立て、煽る行動をする子とは、距離を取れる環境になるようにしました。活動の中で同じグループにならないようにしたり、席を遠くに配置したりしたのです。

　いたずらをする子も、それを煽る行動をする子も、ときどき関わる程度であれば、不思議と、前年度のような問題行動は起こさず、落ち着いて過ごせるようになりました。

　このように、その子のよさが出てくる環境を、教師がコントロールすることも必要になります。

　つまり、私たち教師は、**子どもの行動や子ども個人の性格など、子どもに帰属するものをコントロールすることは難しいと自覚すべき**です。

　私たち教師がコントロールできるのは、次の2つなのです。

①その子のまわりの環境（学級の雰囲気やまわりの人との関係性）
②教師自身の対応

この2つはコントロールできるので、子どもの問題行動が見られたら、この2つの対応の工夫を考えてみたらよいのです。

特に、環境の影響は大きいため、望ましい行動を起こしやすい環境になっているか、そもそも問題行動を起こさないような環境になっているか、そういうことを振り返る必要があります。

そして、意外と忘れがちなのは、教師と子どもとの関係性もコントロール可能であるという点です。**教師もまた、子どもにとっては重要な環境の1つ**だということです。

教師の対応にまずい部分がないかも、振り返る必要があるのです。

第4章

本当は大切だけど、
誰も教えてくれない

[集団づくりと個別指導]4のこと

15

「集団の質」が一人ひとりに与える影響は、想像以上に大きい

教師がいくらがんばる子をほめても…

ある学年は、全体的に荒れた雰囲気がありました。

小学校入学以来、授業中に騒いだり、教師の指示を無視して行動したりといったことが絶えず起きていました。荒れは何年も続き、年によっては学級崩壊が起きていました。

この学年にも、前向きにがんばろうとする子もいました。ところが、前向きにがんばる子に対し、他の子が足を引っ張る言動をするのでした。がんばろうとすると、バカにしたり、茶化して笑ったりと、マイナスの方向に導こうとするのです。

教師ががんばる子をほめても、教師のいないところで「お前はどうせダメなヤツだ」とか、「一人だけいい子になろうとしている」などと同級生から否定されるのです。

そのため、いくら教師が「ほめる、認める、励ます」前向きな言葉かけを繰り返しても、個々の自己評価が高まらず、高い目標への挑戦もできなくなってしまうのです。

①新しい自己イメージに慣れ親しめるかは、集団の影響も大きいと心得る

子どもの自己評価を高め、高いゴールを描かせ、新しい自己イメージに慣れ親しませるためには、**「集団の質」**も大切になってきます。

集団のもつ雰囲気や他の子どもたちの言動が、個々に大きな影響を及ぼすからです。

よって、一人ひとりに個別対応するだけでは、「子ども対応」は不十分と言えます。

学級集団、あるいは学年集団、学校全体への「集団の質を高める」指導も必要になってくるのです。

荒れた学級では、がんばる行動をバカにしたり、失敗を笑ったりする雰囲気ができていることがあります。この状況では、とても個人の自己評価は高まりませんし、高いゴールを描くこともできません。

荒れた学級の場合、そもそもルールやマナーが確立されていないことがあります。

その場合、教師がリーダーシップを発揮し、ルールやマナーを浸透させる必要があります。

例えば、「友だちの失敗をバカにしてはいけない」とルールをつくってしまうのです。「人は失敗しながら成長していく」「挑戦しての前向きな失敗は、次の成功の糧になる」などと理由も説明します。すると、マイナスの行動は表面的にはなくなります。

このように、教師のリーダーシップで、「荒れている」という**「マイナスの状態」**を、「荒れていない」という**「0ベースの状態」**にもっていくのです。

そのうえで、「0ベースの状態」から、**「プラスの状態」**に引き上げていきます。

例えば、「友だちのがんばりをほめ合う時間をつくる」「仲間のよさを見つける時間をつくる」といった具合です。

授業や生活の場面で、4人チームで活動した後などに、この「認め合う」時間を取ります。そうすれば、徐々に、認め合いの雰囲気が生まれてきます。すると、クラスメイトに対し、「ほめる、認める、励ます」前向きな言葉かけが増えてくるのです。

このように、前向きな雰囲気が集団に生まれると、個々もよい影響を受け、前向きな行動を取りやすくなります。

個々の子どもへの対応をより効果的なものにするには、集団の質を高める指導も不可欠なのです。

②集団の変化と個人の変化の「連動」を意識する

高学年の学級に、入学以来荒れが続いている子がいました。自信がないので学習に取り組もうとせず、友だちとのけんかなど、トラブルも多かったのです。

しかし、保護者から話を聴くと、この子はもともと素直で優しく、面倒見のよい子だったということでした。学習の理解力も高く、スポーツも得意だったのです。

ところが、学年全体に荒れの雰囲気があったので、その影響もあり、長年荒れていました。毎日のようにトラブルを起こし、校長や生徒指導主事、他の教員に注意されていました。学校外でトラブルを起こし、地域の人に叱られることもありました。

歴代の担任は、この子個人を変えようと、何度も個別指導を繰り返しました。放課後に1時間も2時間も残して懇々と指導し、「もう二度と悪いことはしない。人に迷惑をかけない」などと約束させるのです。

しかし、それでは何年経っても変わりませんでした。そして高学年になったとき、私が受けもち、**集団の雰囲気を変えることを先に行った**のです。

学年全体に荒れた雰囲気がありますから、それを変えないといけません。

4月はじめ、学年全員が集まった最初の式で、この学年のよさや、昨年度までのがんばりをあげていきました。音楽発表会や奉仕活動、クラブ活動、運動会など、よい姿、がんばっていた姿をあげていきました。そして、「皆さんなら、低学年のお手本になる、立派な高学年になれる」と宣言したのです。

このように、学年全体が集まるたび、学年のよさやがんばりをあげることにしました。一つひとつ事実をあげ、「ほめる、認める、励ます」言葉をかけていきました。**学年全体に対するイメージを変えようとした**のです。

学級でも、同じように、集団のよさやがんばりをあげていきました。事実をあげ、称賛することを繰り返しました。すると、やがて子どもたちも「自分たちは高学年になってがんばれている」というイメージをもつようになりました。

こうして徐々に、学年全体、学級全体の雰囲気が前向きなものになってきました。

するとその子も、険しい顔つきがうそのように優しい顔つきに変化していきました。

まわりが前向きな行動を少しずつ行うようになると、その子もまた、前向きな行動を取るようになりました。友だちの仕事を手伝ったり、責任ある仕事に立候補したりするようになったのです。

新しい学年になってからしばらくして、今年の目標を発表する機会がありました。私の学級では定期的に、今年の目標をワークシートに書いて発表していました。

このとき、その子は高い目標を全員の前で真剣な表情で発表しました。去年まで荒れていた子が、真剣な表情、よどみない声で目標を発表したのです。

このとき、教室はシーンと静まり返りました。全員が息を呑み、その子の言葉一つひとつに集中していました。物音ひとつしない中、発表を終えたのです。

この発表後に、日記に感想を書いた子がいました。「あの子が今年はがんばると言っている。自分もがんばろうと思った」といった感想が多くありました。それほど学級集団にとって印象的な出来事だったのです。

こうして、「あの子ががんばるなら、自分もがんばろう」「きっと自分も成長できる。力を発揮しよう」という前向きな雰囲気がさらに広がりました。そして、長年荒れていたその子は、1年間高い目標を描き、理想のゴールに向かってがんばることができたのです。

③集団の新しいイメージをもたせ、よりよい雰囲気に変える

事例のように、荒れた子を個別指導によって変えようとしても、変わりませんでした。何時間かけても、何年経っても変わらなかったのです。むしろ、注意や叱責を受けるたび、その子の態度は頑なになり、荒れはひどくなる一方だったのです。

しかし、集団の質が高まり、よい雰囲気が生まれてくると、その子も変わり始めました。もちろん、個別指導が必要ないということではありません。ここで大切なことは、個別指導に加えて、集団の質を高める指導も同時に行っていく必要があるということです。

「個人が変わるから、集団が変わる。集団が変わるから、個人が変わる」

「どちらも連動している」という意識が教師には必要なのです。

先の事例のポイントは、自分へのイメージや集団へのイメージを、よりよいものにしているところです。

人は自己イメージ通りに行動しており、自己イメージは1つしかもてません。異なる別のイメージを同時に意識することは難しいからです。

つまり、「自分はできない人間だ」というイメージをもってしまうと、その「できない人間だ」というイメージ通りに行動してしまうのです。

反対に、「去年まで荒れていたけれど、もともと自分にはよいところがあり、がんばれる人間だ」というイメージを新しくもつと、そのイメージしか意識することはできません。

従来もっていた「自分はできない人間だ」というイメージを、新しいイメージと同時にもつことはできないのです。

その結果、新しいイメージの「自分にはよいところがあり、がんばれる人間だ」に合致した行動を自然と取るようになるのです。

集団の雰囲気を変える指導にも、このことを取り入れています。つまり、**集団へのイメージを、新しく、よいものに変える言葉かけを繰り返した**のです。

まずは、出会いの場面で、この学年集団がもつよさや、がんばってきたことを、事実として あげていきました。そして「皆さんなら、立派な高学年になれる」と力強く伝えました。このことで、学年集団としての新しいゴールを意識させたのです。

ゴールが決まると、ゴールから導かれる「学年集団の今あるべき姿」も決まります。

将来「立派な、手本となる高学年になっている」のなら、今あるべき姿は、「すでに、手本としてがんばり始めている」などとなります。

今あるべき姿は、「少し先の成長した姿」となっています。

そして、この**「少し先の成長した姿」に、すでになっているように、学年全体に言葉かけをした**のです。少しずつ前年度までとは違ってがんばろうとしていることや、こんなよさが生かせそうだという話をしていきました。

その結果、集団へのイメージが「実はがんばれる人たちの集まり」というものに変わりました。本当はがんばっていない子も、がんばっている子も両方いるのだけれど、「実はがんばれる人たちの集まりであり、すでにがんばり始めている」と、現状よりもよいイメージをもつことができたのです。

こうして、集団の新しいイメージが意識され、その新しいイメージに沿って行動する子が増えていったのです。そして、学年全体、学級全体の雰囲気がよりよいものに変わったのです。

16
「集団のもつ雰囲気」が、子どもの行動を大きく左右する

いつ自分が悪口を言われる側になるかわからないから…

ある学級で、悪口や相手をバカにする言動が頻繁に起きていました。がんばろうとすると相手を茶化したり、冷やかしたりするのです。また、弱い立場の子への差別的な言動も見られました。時に、いじめに近い言動が見られることもありました。

その学級で、悪口を繰り返している子がいました。担任のG先生からすると、この子が率先して学級の雰囲気を悪くしているように感じていました。

ある日、業を煮やしたG先生は、その子を個別に呼び、友だちのがんばりを否定する言動を止めるよう厳しく注意しました。ところが、その子は次のように訴えたのです。

「悪口が流行しているので、悪口を言う側に回らないと、いつ自分が言われる側になるかわからない。それに、僕だけじゃなく、みんな相手に悪口を言って楽しんでいる」

これを聞いたG先生は、**自分の学級の雰囲気が原因なのかもしれない**と思ったのでした。

≫ 先に「集団のもつ雰囲気」をよりよいものに変えた方がよい場合もあると心得る

この事例では、悪口や差別的な発言を公然と行う学級の雰囲気ができています。公然とマイナスの発言を繰り返している状態は、教師まで軽く見られていることを意味します。「マイナスの発言をしても、注意されない」と思われてしまっているのです。

この場合は、**「ルール」として、「マイナス発言はしてはいけない」とはっきり明言しなくてはなりません。**応急的な措置として、マイナス発言をまずは止めるのです。

また、この事例でも個別指導を優先的に行っています。しかし、**集団の雰囲気が悪い状況で個別指導で子どもを変えようとしても、効果的ではありません。**一人ひとりの指導に時間がかかり、しかも効果は少ないのです。

この場合、まず集団の雰囲気を変えなくてはなりません。

最初に「マイナス発言はしてはいけない」ということを集団に共通理解させます。

共通理解すれば、子ども同士で、注意を呼びかけるようになります。そして、「マイナス発言はよくない」という雰囲気ができていきます。

集団の雰囲気が変わると、子どもたちはその雰囲気に従って自然と行動するようになります。その結果、マイナス発言は減ってきます。

集団全体の雰囲気がよくなってから、それでもまだマイナス発言を止めない子がいたら、個別指導を行うようにすればよいのです。このように、**先に集団のもつ雰囲気をよりよいものに変えた方がよい場合もあります。**

実際、この学級では、弱い立場の子が悪口を言われたり、嘲笑されたりすることがよくありました。差別の雰囲気もあったのです。

「人をバカにする行為は許されない」「差別は許されない」「いじめは人として情けない」という雰囲気をつくることで、ようやくマイナスの言動は減っていきました。

子どもは集団のもつ雰囲気に従います。また、所属する人間関係に従って行動します。だからこそ、集団の雰囲気を先に変えた方がよい場合もあるのです。

さてここまでは、「マイナスの状態」を、「0ベースの状態」にしたに過ぎません。ここから、よりよい集団に育てるには、「プラスの状態」に導かなくてはなりません。

つまり、**プラスの雰囲気を、集団で共有していく取組**が必要になります。

例えば、「皆それぞれに価値がある」「皆平等なんだ」という雰囲気をつくります。

そのための方法は様々です。

日頃から、グループ活動をする際に、**「全員が平等に意見を言える機会」**を確保するのも、効果的な方法の1つです。

全員が平等に扱われたという事実が積み重なることで、平等の雰囲気が生まれます。

他にも、例えば、責任のある仕事をだれもが必ず一度は受けもつように役割分担をします。

すると、「あの子は責任のある仕事をやってくれた。自分たちの大切な一員だ」という雰囲気が生まれます。

また、**「助け合いの場」**を用意することも効果的です。

だれでも得手不得手があるものです。そこで、相互依存の場をつくり、お互いに助け合う体験をさせるのです。

他者の助けなしでは活動が終わらない場を用意します。授業でのグループワークの場面や、10分程度で終わる簡単なゲームの場面で、少し難しい課題に挑戦させるのです。

活動前に、自分が苦手なところ、得意なところを考えるよう伝えます。そして、自分の得意なところを生かし、助け合うように伝えます。

そして、相互に助け合って課題を達成させるという経験を通すのです。

このような事実や経験が重なってくると、「皆平等で、一人ひとりが大切な存在なのだ」という雰囲気ができてきます。

そして、個々の子どもは、新しく生まれたプラスの雰囲気に従って、行動するようになります。

このプラスの雰囲気を集団に生み出し、それでもまだ個別指導が必要なら、そのときに行えばよいのです。

17 「足を引っ張る」行為の背景には、集団の強固な心理が働いている

せっかくよい自己イメージをもつことができたのに…


若いJ先生は、子どもが描いたゴールを知る努力をしていました。

そして、子どものゴールをサポートすべく、「ほめる、認める、励ます」関わりを続けていました。

また、「少し先の成長した姿」を、イメージさせる言葉かけも行っていました。

すると、子どもの中で、自己イメージが変わり、「前向きにがんばろう」という気持ちが生まれてきました。

ここまではうまくいきました。少しずつ、新しい自己イメージに慣れ親しませることができていたのです。

ところがです。せっかく個々が高いゴールに挑戦し始めたのに、まわりにいる子どもたちが足を引っ張ろうとするのです。

［集団づくりと個別指導］4のこと

例えば、「堂々とわかりやすく発表できる」という自己イメージが生まれた子がいました。教師と数人の子どもたちの間では、そのイメージが共有されていました。

実際、レポートの内容も、プレゼンの質も、格段によくなっていました。イメージを共有している教師と数人の子どもたちの前では、いつも堂々と発表できていました。

しかし、その子の新しいイメージを共有していない子の前で発表するときは、うまくいかないのです。なぜなら、「いつものように失敗するなよ」とか、「また失敗するんじゃないの？ 練習してきたか？」などと余計な声かけをするからです。

しかも、困ったことに、よかれと思って声かけしている子もいるのです。

「○○は発表が苦手だから、今日は失敗するなよ」などと親身に言うのです。

さらに、上手に発表できていても、少し言葉が詰まっただけで笑い声が起きたり、「もう少し大きな声で」と野次が飛んだりします。

これだと、過去の「発表が苦手だった頃の自己イメージ」に戻ってしまいます。

結局、**その子の新しいイメージを共有していない集団の前では、以前の自分に戻ってしまったかのようにうまく発表できない**のでした。

このように、集団が個々の新しい自己イメージを壊してしまうことがあったのです。

集団にも一人ひとりの成長した姿を共有する

この事例のように、まわりの子どもたちが足を引っ張るというのは、よくある状況です。どうしてこのような状況が起きてしまうのでしょうか。

ひと言でいうと、**自分の居心地が悪くなるから**です。

私たちはだれしも、「自分が慣れ親しんでいる状態」だと、不安やストレスがなく、居心地がよく感じ、安心して過ごせます。

ところが、同級生が急にがんばるようになったり、成果を上げたりし始めると、今まで自分が慣れ親しんできた状態が脅かされます。

これまでは、「あの人は発表に失敗する人」というイメージをもち、自分は「発表がうまい人」ということで、安穏として過ごせていました。

しかし、急にまわりの子が発表をがんばり出すと、相対的に自分の発表が下手に思われるかもしれないため、安穏として過ごせなくなるのです。

人は、自分が慣れ親しんだ、居心地がよいと感じられる状態に留まりたいと思います。

その心理は大変強固であり、無意識に、自動的に「居心地のよい状態」に留まろうとします。その結果、「足を引っ張る」という行為をしてしまうのです。

この事例では、困ったことに、よかれと思って「今日は失敗するなよ」と助言する同級生がいます。「目標をあまり高くするな」と助言してしまうのです。

よかれと思っての助言が、相手の足を引っ張っていることに気づいていないのです。

教師としては、このようなからくりを理解しておく必要があります。そして、以前の状態に戻そうとする言動が出たら、それをたしなめなくてはなりません。

「人は短期間で成長できるので、過去の自分と今の自分はまったく違っている」

「人は、たった1日でも、急成長してまったく別の自分になれることがある」

「そのため、昔のその人のイメージで関わるのは、失礼なときがある」

このように、「人は日々成長している」ということを、集団で共通理解しておかなくてはなりません。そして、「過去の失敗をもち出す言動は厳に慎まないといけない」とマナーとして教えていくのです。

さて、この事例を解決するための集団づくりとして、ぜひ取り組みたいことがあります。

それは、**教師とその子とでイメージしている「少し先の成長した姿」を、他の子どもた**

ちにも共有していくことです。

「○○さんは発表が上手だから、少々の失敗は気にしなくていい。すでに120点だから」などと、教師がイメージしている姿を他の子にも共有するのです。

つまり、他の子にも、その子の成長した姿を共有させるのです。そして、その新しいイメージに慣れ親しませるようにするのです。

特に、去年まで荒れていた子や、頻繁に問題を起こしていた子ほど、まわりから悪いレッテルを貼られています。このレッテルが強固なことがあるのです。

レッテルを剥がすよう、その子の成長したイメージをまわりの子にも伝えていくのです。

繰り返し「発表が上手だ」と言い続けていると、いつしか、本人はもちろん、まわりの子も、「発表が上手だ」というイメージの方に慣れ親しんできます。

そうなると、今度はその慣れ親しんだイメージに合わせた言動を、学級集団もするようになります。

「○○さんは発表が上手だからいいよな」「今度プレゼンの仕方を教えてよ」などといった声かけになるのです。

さて、この事例の解決のための2つ目の方策として、一人ひとりがもった新しい自己イメージに対して、他の子どもたちに気づいてもらう活動を取り入れます。

具体的には、**相手のよいところを見つけ、前向きなフィードバックを返すという取組**を行うのです。

個々は、新しい学年になって描いた「新しい自己イメージ」をもっています。

そして、その新しい自己イメージに合致した行動を取ろうとしています。

個々が描いた新しい自己イメージに沿ってがんばっているその行動を、他の子が認識し、「認める、ほめる、励ます」という前向きなフィードバックを送る活動を用意するのです。

例えば、発表後やグループワークの後に、「発表の上手だったところを感想カードに書き、発表者に送ってあげましょう」「グループワークの中でがんばっていた人に、感想カードを送ってあげましょう」と指示します。

学級集団が、互いによさを探し、探したよさを、「認める、ほめる、励ます」という前向きな言葉で、相手にフィードバックしていくのです。

こうすることで、本人も新しい自己イメージに慣れ親しむことができますし、他の子どもたちも、その子の新しい自己イメージに慣れ親しむようになっていくのです。一石二鳥なのです。

そもそもですが、自己評価が低く、高いゴールを描けず、新しい自分のイメージにも慣れ親しんでいない状況では、教師の「認める、ほめる、励ます」の言葉かけが大切だと述べました。この段階では教師の役割が大きいのです。

そして、次の段階として、仲間からの声かけによって、子どもの自己評価が高まり、高いゴールを描き、新しい自己イメージに慣れ親しむようにすべきだということです。

こうなると、集団の力は、個々によい影響を与え始めます。

「足を引っ張る」という力とは真逆の、「一人ひとりの自己評価や目標を高める」という力が発揮されるようになるのです。

このように、集団の力をよい方向で発揮させるよう導くべきなのです。

18 「互いを下げ合う集団」を変える第一歩は、集団のゴールを新しくすること

互いを下げ合うグループでは…

Ｄ先生の学級には、いくつかの仲良しグループができていました。

４人程度のグループで、休み時間を一緒に過ごしたり、放課後に遊んだりしています。

グループの様子を見ていると、２種類のグループがあることに気づきました。

それは、互いを下げ合っているグループと高め合っているグループです。

下げ合っているグループを見ていると、一人ががんばったり、成果を上げたりすると、まわりがやる気を下げる言葉かけをしています。**結局、そのグループは、目立つことをしない、単独ではがんばろうとしないという雰囲気になってしまいました。**

反対に、互いを高め合うグループは、相手を励ましたり、がんばっている人を称賛したりしています。このグループではますますがんばる子が増えていきました。

Ｄ先生は、どうやったら互いに高め合う集団ができるのか、悩んでいました。

高いゴールを集団で共有し、そこから導かれた集団のよいイメージを共有させる

この事例のように、集団の影響力は、よい方に働くこともあれば、悪い方に働くこともあります。このことをスポーツチームで考えてみます。

あるチームでは、楽しく適度に取り組みたい子が多く集まりました。そのため、練習や片づけ、整頓などを適当にやっていました。楽しむ、楽をすることがゴールなので、そのような雰囲気が集団に生まれたのです。

もし、だれかが「次の試合がんばるぞ」と真面目に練習を始めると、足を引っ張る子が出てきました。「お前だけ真面目にやるな」と、いつものチームの姿に戻そうとするのです。

皆が慣れ親しんでいるチームのイメージは、「適当に楽しむ。試合に負けてもよい」というものです。そのイメージに合致しない行動を取る子が現れると、普段のイメージに戻そうとするのです。普段のイメージの方が多くの子にとって居心地がよいからです。

ここで大切なのは、この**普段のイメージに戻そうとする言動は、無意識に行われている**

ということです。なぜなら、自分が慣れ親しんでいる環境を変えようとする人が現れると、居心地が悪くなり、脅威に感じるからです。

しかも、困ったことに、よかれと思って足を引っ張る言動をしている子もいます。無意識に、相手のためだと思って行動しているのですから、これを教師なりコーチなりが叱責しても、なかなか改善できません。

では、この状況を変えるには、どうしたらよいのでしょうか。

答えは、**「チームとして共有しているゴールを変える」**です。チームのゴールが新しく生まれれば、そのゴールに沿ったチームのイメージが決まります。

チームの新しいイメージに慣れ親しむようになると、子どもたちの行動は自然と変わっていく、というわけです。

まず、ゴールを子どもたちと教師で話し合います。「適当に、楽しく、楽をするチーム」から、例えば、「力を合わせ、地域で優勝するチームをつくる」に変えるとします。

すると、1年後に優勝するとして、今は2回戦ぐらいは突破していないといけないとわかります。この「今は2回戦ぐらい突破しているだろう」という「少し先の成長した姿」を強くイメージさせます。この新しいイメージの方に、慣れ親しませるのです。

新しいイメージの方に慣れ親しめると、今度は先ほどと反対のことが起きます。

準備は自分たちでやり、集合も5分前に行い、荷物を整頓し、応援を大きな声でやり、練習も密度を濃くして行うようになります。適当にやっている子を励まし、がんばっている子を認め、成果を出している子を称賛できるようになります。

無意識に、新しいイメージに合致した言動になるのです。結果として、互いの自己評価を高め合う、互いの目標を高め合うチームになったのです。

このように、**集団のゴールを新しく生み出し、今あるべき集団のイメージを新しいものにし、新しいイメージに慣れ親しめるようにすべき**なのです。

このことは、学級集団にもまったく同じことが言えます。

集団が共有しているゴールがよりよいものに変わることで、今あるべき学級集団の姿も新しいものに変わります。それは、4人程度の小集団でも同じです。

「友だちと励まし合って、自分の夢に向かって挑戦する」などの学級集団のイメージができれば、それが4人程度の小集団にも影響して、4人の行動もまったく変わるのです。

高いゴールを集団で共有し、そのゴールから導かれた集団へのよいイメージを共有することで、集団の質が高まるのです。

第5章

本当は大切だけど、
誰も教えてくれない

［子どもの自立を促す対応］5のこと

19

手厚い指導や支援が、子どもの自立を阻害する

子どもたちの自信は高まったのに…

C先生は、特別支援教育を必要とする子どもへの支援に、力を入れていました。というのも、学級には、発達障害をもつ子どもが、数名いたからです。各自の発達段階や、発達の特性が異なるため、個別に最適な環境をつくるよう意識していました。

生活面では、クラスメイトと仲良く過ごせるよう気を配りました。例えば、トラブルが起きそうになると、教師が介入し、トラブルを未然に防ぐようにしていました。また、安心できる環境になるよう、気を配りました。学習チームを組む際や、生活班を組む際など、普段から仲良くしている友だちと同じになるよう配慮していました。

さらに授業では、個別に最適な学びになるよう、教材を工夫したり、別課題を与えたり、手厚く教えたりして、内容を確実に習得できる環境づくりや、指導を行うようにしていま

した。

C先生の努力の甲斐もあり、1年後、トラブルなく楽しく過ごせたと、どの子も口をそろえました。また、自分の成長を感じており、自信が高まったと感想を教えてくれました。

さて、次の年、別の担任がその子どもたちを受けもつことになりました。

その担任は、C先生のように細かな環境づくりの配慮や、指導の配慮をしない方針の教員でした。基本、子どもに任せ、自分自身の力で解決させることを重視していたのです。

そのため、トラブルが起きるのを未然に防ぐようなことはしませんでした。

授業でも、わからないところがあれば「自分で尋ねに来なさい」と、子どもが主体的に動くよう助言していました。

その子どもたちは、新しい担任のもとでは、これまでと違い、生活や学習をうまく進めることができなくなってしまいました。

その結果、学習への意欲が下がってしまいました。中には、学校を休みがちになる子も出てきました。そのことを知ったC先生は、複雑な気持ちになりました。

ひょっとしたら、**「転ばぬ先の杖」をし過ぎていたことが、自立の力や姿勢を削いでしまったのかもしれない**と気づいたからです。

教師を必要としない自立の力と姿勢を育てる

子ども対応の1つのゴールとして、**「自立の力と姿勢を育てる」**ことがあります。

子どもに「自信をつける」ことと、「能力を育てる」ことも大切なのですが、自立の力や姿勢を育てることも重要になります。

事例であったように、特別支援を要する子を受けもったときほど、手厚い支援をし過ぎることがあります。教師が手厚く支援した結果、自分で判断したり、自分から行動したりする気持ちをそいでしまうことがあるのです。

ここで大切なことは、**「教師がいなくなっても、1人で生きていける力や姿勢を育てる」という意識**です。

例えば、自習の時間や、子どもたちだけで学習を進める時間があったとします。教師が指導や支援をしてくれる環境ではがんばれる子も、自分たちだけで学習を進めないといけないとなると、とたんにできなくなることがあります。

これでは、自立の「力」が養われているとは言えません。

また、教師が教室にいるときには学級の規律は守られていても、教室にいないときには規律を守ろうとせず、学習にも進んで取り組まなければどうでしょうか。

これでは、自立の「姿勢」が養われているとは言えません。

つまり、最終的には、自分で自分をコントロールしながら、自分の力で生きていける力を養いたいのです。具体的には次のような自立の力や姿勢を育てたいのです。

「自分を律して行動できる」

「自己評価を自分で高めることができる」

「友だちと進んで協働できる」

「ゴールを自分で設定し、手立てやゴールを自分で軌道修正していくことができる」

「望ましい考え方で生活できる」

「学び方を習得し、自分だけで学び続けることができる」

もちろん、最初は教師が手厚く指導や支援をしてもよいのです。

例えば、望ましい考え方ができるようにするため、最初は「このような考え方が望ましいよ」と語って聞かせたらよいのです。「ゴールを達成できなかったのは、能力が低いことが原因ではなく、やり方や練習量の問題と考えよう」などと、望ましい考え方を語っていけばよいのです。

また、目標の決め方、目標を達成するための方法の決め方、目標に近づいているかの反省のやり方も、まずは教師が教える必要があります。

ただ、最終的には子ども自身が自分の行動や成果を振り返り、軌道修正していける力や姿勢を身につけさせないといけないのです。

私の学級では、目標シートを書かせることがありました。今年1年間のゴールと、ゴールを達成するための手立てを記入させるのです。

そして、そのシートをときどき見直す反省の時間を取っていました。ゴールを新しいものに修正したり、やり方を修正したりといったことを促します。このことをやっていたのは、教師がいなくてもゴールを達成するための力や姿勢を育てたかったからです。

このとき、自分のよさやがんばりを振り返る時間も取っていました。このことで、自己評価を自分で高めることができるようになるからです。

最初は、教師が子どものよいところを探して伝えたり、友だちから励ましの言葉をもらったりする機会を用意しますが、**最終的には自己評価を自分で高められるようにしたい**のです。

なお、授業も自立を意識したものでなくてはなりません。学び方を習得させ、そして、自分1人でも学びを続けられるようにするのです。しかも、場合によっては仲間と協働して学ぶこともできなくてはなりません。

このような自立の力、姿勢という視点から考えると、授業で教師が全部教えてしまうことは、あまり効果的な指導とは言えないこともあります。

学習を進めるために必要となる基礎・基本の知識・技能は教師が教えることはあります。活動の目的や意図、全体像を示すときなどは、教師が教えることはあります。

つまり、**「これがわからないと困る」「これができないと困る」という幹の部分は教えるのです。しかし、枝葉末節までは、あえて教えずに任せることも大切**なのです。

「今は、教える場面」「今は、半分教えて、半分任せる場面」「今は、ほとんどすべてを任せ、陰で支える場面」といった区別を教師がしておく必要があるのです。

不思議なことですが、**自立というゴールをイメージしておくと、今はこんな環境、指導、支援が必要だと、見えてくることがあります。**

最初に必要なのは、**受けもつ学年における自立の姿を、ゴールとしてイメージしておくこと**です。ゴールへの意識があると、手立ては自然と頭に浮かんでくるはずです。

20

集団づくり、授業づくりには、「順序性・系統性」がある

集団をまとめることに意識が傾き過ぎて…

若いU先生は、40人程度の学級を受けもっていました。多人数なこともあり、U先生は40人の集団を率いることやまとめることの方に意識が向いていました。全体に指示を出し、適切に集団を動かそうと必死だったのです。

集団をまとめないと、子どもたちの動きがバラバラになることを、U先生は恐れていました。集団をまとめられず、学級崩壊につながった話を聞いていたからです。

実際、教師の指示が通らず、集団がバラバラになる様子も見てきました。そのため、教師が前面に立ち、集団を力強く引っ張っていかないといけないと考えていたのです。

さて、1学期が終わり、2学期になっても、U先生が前面に立ち、集団を引っ張ることを続けていました。そのうち、他の学級では子どもが主体的に動く状態に成長していきました。しかし、**U先生の学級では子どもだけでは動けるようにならなかった**のです。

ティーチングからコーチングへのスムーズな移行を意識する

この事例のように、学級経営の初期では、「ティーチング」主体でもかまいません。
まずは4月に、ルール、マナー、モラルを、集団に浸透させないといけないからです。ルール、マナー、モラルがないところでは、子どもの安心・安全な生活さえ確保することができません。

学級の安心・安全の確保は、教師の責任です。教師主導のリーダーシップを発揮し、ティーチング主体で進めてもよいのです。

また、学級への所属感を高めることや、互いが協力できる雰囲気をつくることも、教師の役割が大きくなります。これらも、教師主導のリーダーシップで、ティーチング主体で進めてもよいのです。

例えば、大切な役割を一人ひとりに割り振り、学級に貢献できるようにします。
他にも、ランダムなチームで活動させることで、クラスメイトとの絆を結ばせます。
認め合いの雰囲気をつくるため、活動後には、よいところをほめ合う時間を取ります。

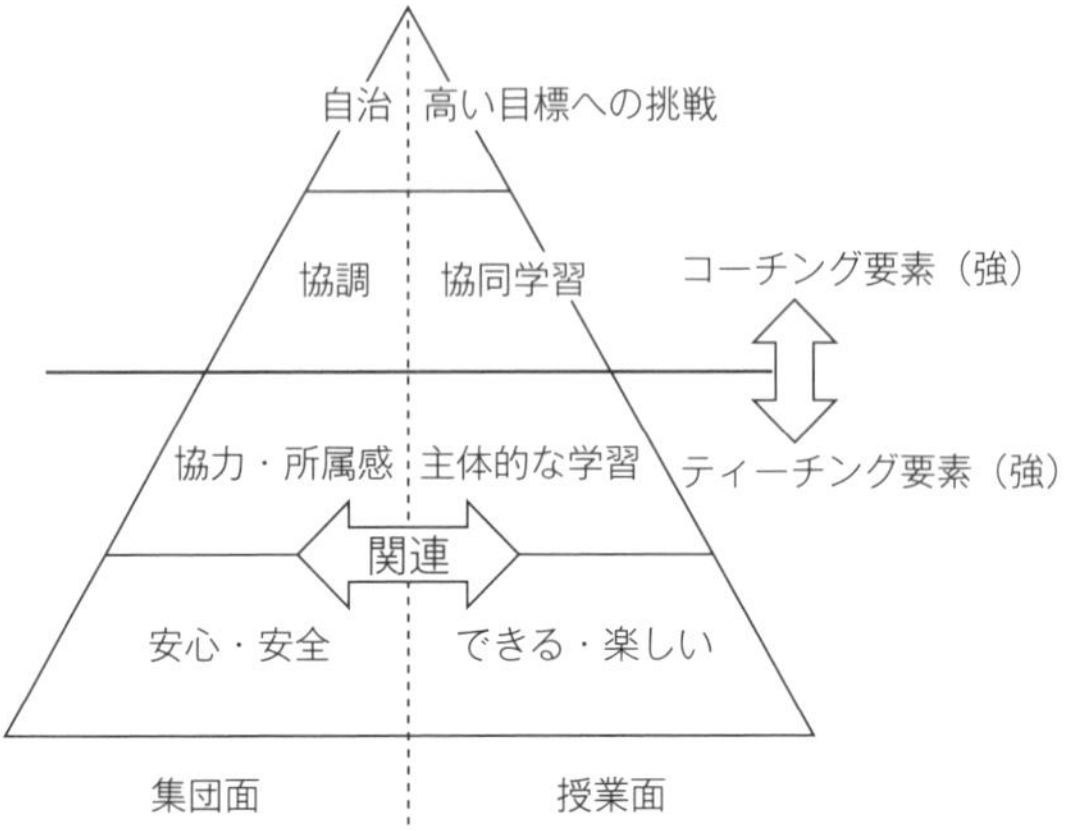

このように、教師が様々な手立てを打ち、所属感を高め、互いが協力できる雰囲気をつくっていくのです。

安心・安全や所属感を高めること、互いが協力できる雰囲気をつくることは、いわば学級経営の土台になります。

学級経営の順序性・系統性を示した「学級経営ピラミッド」を、図で示します。

ピラミッドの左側は、集団の質を高めるための、集団づくりの順序性・系統性を示しています。

ピラミッドの右側は、資質・能力を高めるための、授業づくりの順序性・系統性を示しています。

集団の質を高めるための土台の部分は、

左下に示されています。この土台は、ティーチングの要素が強くなり、教師主導で築き上げていけばよいのです。

ただし、土台ができたら、自立の力と姿勢を養うために、「コーチング」の要素を強くしていきたいのです。図で言えば、ピラミッドの半分から上は、コーチングの要素が強くなります。

多人数での協調（コラボレーション）ができるようにしたり、学級集団の自治を促したりする段階では、自立のため、あえてコーチングで対応していくのです。

つまり、教師主導のティーチング主体から、子どもが目標に向かって努力するのを後ろからそっと応援したり、助言したりするコーチング主体に移行していくのです。

なお、コーチング主体に移行する段階では、子どもに活動を任せることが多くなるため、学級に「自由な雰囲気」が必要になります。安心・安全を感じ、自己評価が高まり、自由な雰囲気があれば、高い目標に向け、躊躇なく挑戦できるようになるからです。

そのため、教師は常に、学級に窮屈な雰囲気がないかを振り返らなくてはなりません。

例えば、よくあるミスとして、**「一枚岩」を要求する雰囲気が、いつの間にかできている**ことがあります。1人だけ違うことをすると、それを非難する雰囲気になってしまっているのです。これでは自由な雰囲気は生まれません。ルール、マナー、モラルが浸透した集団なら、自由に任せても、荒れる心配はありません。コーチング主体の段階に移るときには、思い切って教師は後ろに隠れ、子どもに任せてみることが大切になります。

「学級の一人ひとりが自由に動いてもよい。むしろ、各自が自由にバラバラの動きをした方が、個別に最適な成長の道に進んでいるのではないか」。こう考えるのです。

また、**学級内だけに籠もっていることにも注意が必要**です。学級が閉鎖的な空間にならないよう注意するのです。

例えば、「他の学級や学校全体の子どもたちが喜ぶイベントを考えよう」「学校全体の子どもたちに貢献できる仕事を考えよう」など、学級外に目を向けていく活動を行うのです。

学級外に目を向けるため、次のような活動も考えられます。

「保護者へお礼のイベントをしよう」「地域の人に貢献できるイベントをしよう」「来年入学してくる園児に楽しいイベントをしよう」「地域のイベントにみんなで参加しよう」

「コンテスト、自由研究、百人一首大会、陸上競技会などに参加してみよう」

学級という小さな世界ではなく、外側の世界にも目を向けさせて、そこでの活動を促すのです。

するとどういうことが起きるでしょうか。

「学級の規律を守らせるため、教師主導で子どもを指導していた」という状態から、「子どもがやりたい活動を、教師が陰でサポートする」という状態に変化してきます。つまり、**教師は一歩引いてサポートする関係になる**のです。

また、教師にとって、コンクールへの応募や地域のイベントへの参加ははじめての経験であることも少なくありません。その場合、子どもと共に下調べを行い、共にアイデアを考え、共に進むという「共に学ぶ者」という関係になることがあります。

子どもは、自分がやりたいものを選んで行動するので、主体性や意欲が高まります。

このように、学級経営ピラミッドの考え方では、土台はティーチングの要素が強くても、途中からコーチングの要素を強くし、教師の役割を変化させることを重視します。

特に、協調（コラボレーション）の段階では、教師は支援に回り、子どもに思い切って任せる姿勢が重要になります。そして、いろいろなメンバーで、いろいろなイベントに参加していくことを勧めるのです。

新しいイベントや企画を子どもが自由に立ち上げ、お楽しみ会をしたり、地域のコンクールに参加したりするようになります。この状況では、教師は支援したり、伴走したりする役割に変化します。

これは学習でも同じです。協同学習の段階では、発展的な内容も多くなり、学びは広がりをもっていきます。また、探究的に行うので、様々な問いが、様々な解決方法で探究されることがよくあります。

そうなると、これまでは教師が「教える側」、子どもが「教わる側」だった関係が変化してきます。子どもが主体になり、自由に問題を設定し、自由に学んでいる状態になります。すると、教師は支援したり、共に学ぶ伴走者になったりと、役割が変化するのです。

このように、ピラミッドの中央から、教師の役割が変化すると意識すればよいのです。

21

自分で決めたゴールや方法なら、子どもは自分から歩みを進める

練習しておくと言ったのに…

Ｄ先生は、小学校高学年を担任していました。音楽発表会の際、オルガンの担当者を募ったところ、オルガンの初心者が、多く立候補することになりました。

両手で弾くテンポの速い曲なので、練習しないとできるようになりません。初心者なので、みな苦戦しています。そこで次のように話をしてみました。

「テンポが速くなったところでいつも止まっています。ここを何度も練習してきてね」

子どもたちは「次までに練習しておくよ」と笑顔で言いました。

ところが、数日経っても上達していません。尋ねると、「特に練習はしていない」と言います。そして同じところで間違えてしまいます。手本を示したり、アドバイスをしたりしますが、自分から練習をしようとしてくれないのです。**練習の回数を指定したり、一緒に練習をしたりするのですが、子どもから進んで動いてくれません。**

》コーチングの要素を高めたコミュニケーションで、自律性を発揮させる

まずはティーチングに力を入れる。

これは、間違っていません。練習の仕方や演奏の仕方のコツを教えることは大切です。ただし、自立を促すために、ティーチングの後で、次はコーチングに力を入れるようにしたいのです。つまり、**コミュニケーションの仕方を変える意識が大切**になります。

この事例のように、ティーチングだけでは自分から動こうとしない子もいます。自分で自分の行動をコントロールできるようにするためにも、コーチングのコミュニケーションを強化していく必要があります。

コーチングのコミュニケーションとして代表的なものに、**「傾聴」「質問」「承認」「フィードバック」**があります。

傾聴は、言葉通り、目や耳をしっかり使い、心を相手に向け、真剣に話を聞くことを意味します。教師はどうしても、自分の価値観や信念を基にして、相手の話を評価しようとしてしまいがちです。しかし、それを止め、相手の話を聴くことに徹します。

質問は、ゴールに向かうまでの問題点やプロセスを相手に気づかせ、具体的な行動を促すための問いかけです。

承認は、相手の存在を認め、成果や成長を認めていくコミュニケーションです。成果を承認するだけでなく、相手の存在自体を認めることも大切です。また、成果に関係なく、成長したことを認めることも大切です。特に、自信のない子には、存在や成長を認める言葉かけが大切になります。

フィードバックは、普段の子どもの様子を見たり、子どもと話したりする中で、教師が気づいたことや感じたことを、子どもに伝えることを意味します。「私はこんなふうに感じた」とアイメッセージで伝えます。アイメッセージ、つまり主語を「私」にして伝えると、相手に配慮しながら教師の主張を伝えることができます。

これらの手法を、**その子の自己評価を高め、その子にゴールやゴールを達成する方法を考えてもらうために行う**のです。

言い方を変えると、その子自身が自分の行動をコントロールできるよう、コーチング主体のコミュニケーションを行うのです。

さて、この事例の場合、まずは自信のない子どもたちの自己評価を高めなくてはなりません。この自己評価を高めるところで、コーチングのコミュニケーションが発揮されます。
「音楽の学習で、得意なところはどこかな」「オルガンで、できそうなところはどこかな」などと尋ね、よい面に目を向けていきます。

練習をしてきたら、「上達したところはどこかな」「うまくいっているところはどこかな」などと、よいところに目を向けさせます。

こうして自己評価をまずは高めるのです。

たとえ子どもが失敗したとしても、成果が出なかったとしても、がんばろうとした気持ちや努力、よいところを認めていくのです。

もし子どものよいところを教師が見つけられなかったとしても、その子の存在自体を承認します。今現在の状態が最悪で、荒れて自暴自棄になっていたとしても、その子の本来の状態とは異なります。今現在が最悪の状態でも、本来は素直でがんばり屋の子かもしれません。だから、その子の本来の状態を承認することはできるのです。

続いて、ゴールを考えてもらいます。オルガンの初心者ですから、両手で完璧には弾けないかもしれません。難しい曲なら、片手で弾けるだけで十分高い目標です。

そこで、何を目標とするか、その理想となるゴールを、一緒に考えていきます。

「ときどきは両手で弾き、途中から難しくなったら、片手だけは完璧に弾く」

このようなゴールを、質問によって引き出していきます。

子どもが考えたことは、しっかりと傾聴し、承認していきます。

そして、練習してできるようになったことを、教師が「ほめる、認める、励ます」言葉かけを行い、フィードバックしていきます。

子ども自身にも、「どこが上達できたか」「あと何回ぐらい練習すればゴールを達成できそうか」「どんな練習が必要か」「どんなサポートがほしいか」「練習の仕方はうまくいっているか」などと尋ねて、フィードバックしていきます。

すると、練習方法で、例えば「１日に何度も手本となる音を聞く」「友だちと一緒に合わせる」「ゆっくりでいいから確実に弾けるようになるまで練習する」といったアイデアを出してくれます。こうして、自分で考えられたこと、自分で答えを出せたことを、しっかり承認していきます。

子どもは、自分で決めたゴールや方法なら、自分から歩みを進めてくれるものです。

このように、コーチングのコミュニケーションによって、自律性を発揮させるのです。

22

「軌道修正する力」を養うカギは、教師が示す評価規準

支援に徹してきたのに…

A先生は、子どもに任せることで、やがて自立の力や姿勢が育つと考えていました。公的な研修会でも、「教師があれこれと教えるのはよくない」「教師は支援に徹するべき」と教えられていました。そのため、後ろから見守る「支援」を心がけていました。

ところが、他の学級に比べ、子どもたちに、自立の力や姿勢が養われているようには思えませんでした。

例えば、他の学級では、ルール、マナー、モラルなどを身につけている子どもが多くいました。そして、自分から進んで動くことができていました。

A先生の学級では、式典ですら、私語をしたり友だちと遊んだりと、「自律」すらできていないのです。そして、後から注意や指導を行うことになるのです。

自律すらできない状態では、「自立」の力や姿勢を養うまで、とても到達できないと感

じていました。しかも、日を追うごとに、他の学級との差は広がっていきました。

２学期になり、学年全体で社会科見学に行くことになりました。他の学級では、あいさつや荷物の整頓などがきちんとできています。見学も、マナーを守ってしています。積極的に施設の人に質問しています。質問後には、丁寧にお礼を言えます。

A先生の学級の子どもたちは、先生が見守っているだけでは、あいさつも整頓も行いません。それどころか、ルールやマナーを破り、施設の人に叱られる始末です。

A先生は、ここにきて気づきました。**「後ろからそっと見守る」「支援に徹する」というやり方では、自立の力や姿勢が身につかないばかりか、そもそものルール、マナー、モラルすら身につかない**と。

一番差を感じていたのは、他の学級では、自分で活動のゴールを決め、そしてゴールを達成する方法も考えて決めていたことです。

しかも、他の学級の子どもたちは、自分の歩みを振り返りながら、ゴールやゴールを達成する方法を自分で修正しようとしているのです。

自立の力や姿勢を育成するには、このような「軌道修正の仕方」をも教えなくてはならないとA先生は焦りを覚えました。しかし、何をどうしていいのかわからないのでした。

ティーチングがあってこそコーチングが生きる

ティーチングとコーチングのバランスを取ることは大切です。

では、この事例の問題点は何でしょうか。それは、「できる子どもに任せる」「できるだけ後ろから見守り、支援に徹する」というコーチングの要素を重視し過ぎたあまり、**教えていない内容まで子どもたちに任せてしまった**ところにあります。

例えば、社会科見学の際、「荷物を整理して置く」「仕事の邪魔にならないよう静かに見学する」「お世話になった人にお礼を言う」などができないといけません。

荷物を整理して置くこと1つとっても、できている学級とできていない学級では一目瞭然です。

このようなことができるようになるには、まずティーチングが必要になります。

最初に教師が、「行動規範」を教えます。望ましい考え方や行動の仕方を教えるのです。

次に、望ましい行動ができているかを確認し、できていればそれを認め、できていなければ助言するなどのフィードバックを行います。

この**フィードバックまで含めて、まずはティーチングをしなくてはならない**のです。

こうして、ティーチングで習得させた内容は、次の段階では、任せていくようにします。

この**「任せる」ときに、コーチングの要素を強くした関わりを行えばよい**のです。

なお、この事例では「軌道修正できる力を養うにはどうしたらいいのか」という問題もあります。自分で自分の歩みを振り返り、ゴールやゴールを達成する方法を修正できる力を養いたいのです。

そのためには、任せる段階で、自分なりに行動した結果を振り返らせる時間を取ることが大切になります。

この振り返る時間に、**教師が評価規準（基準）を示すと、より深く内省を促せます。**

係活動を例に取ります。

学級に貢献できる活動を考えたら、それだけですばらしいことだと説明します。

そして、学級に貢献できる活動にはどんな活動があるのか、その例を示します。

さらに、この係活動を、他の学級や学校全体にも広げていったら、さらにすばらしいと教えます。

これは、係活動の「内容」のゴールを例示しつつ、様々なレベルのゴールの存在を教えていることになります。つまり、活動内容の評価規準を示しているわけです。

他にも、係活動の「方法」の評価規準を示すことができます。

「協力し、役割分担して進めるといいですね」「ときどき自分たちの活動の貢献度を振り返りながら進められるといいですね」などと、方法に関する評価規準を示すのです。

このように、内容や方法の具体的な事例とともに、評価規準を示します。

評価規準がわかると、子どもは自らの歩みを振り返りながら、活動できるようになります。また振り返りの時間にも、評価規準を基に、自らの活動を修正できるようになります。

つまり、最初は教師がフィードバックを行い、できているところを「認める、ほめる」ことを行います。できていないところがあれば助言や励ましを行います。

この**教師のフィードバックを徐々に減らし、「自分で振り返って、自分で評価する」ことを促す段階へと移行すればよい**のです。この段階では、コーチングの要素を多くする関わりが有効なのです。

このように、最初はティーチングを多くし、徐々にコーチングを多くするのです。

すると徐々に、子どもが自己修正しながら歩むことができるようになるのです。

23 「教える」と「任せる」には中間の段階がある

教えて、任せても、うまくいかない…

Ｙ先生は自立を促すため、教えたことは次に子どもに任せ、見守るようにしていました。

ところが、**一度教えたことでも、子どもに任せてみると、うまくできないことが多々ありました。**

例えば、「行事のアイデアを出すための話し合いの仕方」「友だちとトラブルがあったときの解決の仕方」「意見を活発に交流させる話し合いの仕方」などを教えてきました。

そして、教えた内容は、次に子どもに任せるようにしました。しかし、子どもだけでは、なかなかうまくできないのです。

トラブルの解決の仕方では、次のようなことを教えました。

「まずは、自分はどう思って行動したのか、１人ずつ話をする」「人が話しているときは口を挟まない。黙って聞く」「全員の話を聞けたら、次は自分の悪かったところを１人ずつ話す」「自分の悪かったところは謝罪する」「次にトラブルが起きないよう、自分なりに考える」このように教えていたのです。

そして、トラブルが起きたとき、「前に教えた通り、自分たちで解決できるかやってごらん」と子どもたちに任せます。しかし、子どもだけではうまくできないのです。

話し合いの仕方も同じです。学級でイベントを行うことになったとき、1回目は教師が話し合いの仕方を手取り足取り教えました。

「自分のやりたいアイデアを考える」「どうしてそのアイデアがよいのか理由も考える」「全員のアイデアをあげる」「出されたアイデアを選択したり、組み合わせたりしながら、よりよいアイデアをつくる」などを教えたのです。そして、2回目のイベントでは子どもたちに任せましたが、子どもたちだけではうまく話し合いを進められなかったのです。

他にも、「目標の立て方」「目標を達成するための手立ての考え方」「ゴールに向かっているかの反省の仕方」「自分の気持ちを自分で高める方法」なども教えました。その後、子どもに任せてみるのですが、すぐにうまくできる子が少ないのです。

教えた内容を子どもに任せてもできないので、自立の力と姿勢を育てることの難しさを、Y先生は感じていたのでした。

≫「教えたことができているかの確認」を意識する

教師のよくあるミスに、**「教えたことが次はできるだろう」と、そのまま子どもに全部任せてしまう**ことがあります。

ところが、一、二度教えたぐらいでは、子どもに任せても、できないことが多々あります。子どもが「理解した」と言ったとしても、やはり任せてみるとできないのです。

これは当然と言えます。なぜなら、人はだれでも自分が重要だと思う内容しか意識に上らないからです。**教師が大切だと思って伝えた内容も、子どもが大切だと思っていなければ、案外伝わっていない**のです。そのため、子どもは「わかったつもり」になっていることがよくあります。

そこで必要になるのが、**「教えたことができているかの確認」**です。

その確認は、教えた教師がしなくてはなりません。

教師が子どもの活動の様子を見取り、できているところはほめたり認めたりし、できていないところは助言をしたり励ましたりします。

つまり、**「半分教え、半分任せる」段階が必要になる**のです。いわば、「教える」「任せる」の中間の段階です。

自立の力と姿勢を養うには、一朝一夕にはいきません。

子どもに任せて確認してみると、教師が大切だと思っている内容が、まったく子どもに伝わっていないことすらあります。

その場合は、最初から丁寧に、もう一度教えることも必要になります。もう一度、教師が手本を示したり、大切な箇所を強調したりしながら、粘り強く教えるのです。

その結果、1回目に教えられたときには気づかなかった重要な内容に、子どもが気づいてくれることがあります。

こうして、繰り返し教えていく中で、徐々に子どもに任せられるようになるのです。

だから、**教師が教えたことがすぐにできるようにならなくても当然と考え、焦ってはいけません。**まして、子どもを叱ってはいけません。

やがて教える回数や量が減り、子どもだけでできるようになっていきます。**「教師の教える割合が徐々に減っていけば大丈夫」ぐらいに構えておけばよい**のです。

第6章

本当は大切だけど、
誰も教えてくれない

[子ども対応の方向性]6のこと

24

問題行動への対応に注力しても、問題行動は減らない

様々な教職員、保護者とも連携して対応しているのに…

子どもの問題行動が頻発している学年がありました。

その学年では、複数の子が繰り返しトラブルを起こしていました。

例えば、他学年とけんかをした、学校のものを壊した、消火器をまき散らして遊んだ、花壇を荒らした、人の物を隠したなど、毎日様々な問題行動が生じていました。

子どもの問題行動が頻発しているのは、荒れた雰囲気が学年全体にあることも1つの原因でした。

「トラブルを起こすとまわりが驚いたり、笑ってくれたりするので楽しい」「トラブルを起こすと、やんちゃな子の間で評価が上がる」という雰囲気があるのです。

学校だけでなく、トラブルは地域にも及んでいました。地域の方に暴言を吐いた、店で騒いだ、公共のものを壊した、知らない人の家に入った、などです。

学年の担任団や、生徒指導担当、教育相談担当などは、毎日子どもへの対応に追われていました。放課後に子どもを残して話を聴き、指導をする日々が続きました。

時には、保護者に学校に来てもらい、子どもと一緒に話をすることもありました。保護者には、問題行動が起きないよう子どもに注意してほしいと要望しました。管理職が入って話し合いになることもありました。

放課後の指導が長引くこともあり、勤務時間を大幅に超過することもありました。そのため、**特に担任の疲弊がひどく、他の仕事に支障が出る有様**でした。

このように、様々な教職員と連携し、保護者とも連携し、問題行動の対応に時間も労力も割いたのです。

ところが、問題行動は減ることはなく、むしろ日を追うごとに問題行動の質や規模、数がエスカレートしていくのです。結果、**トラブルを起こしていない子の保護者からもクレームが出るようになりました。**「新品の筆記用具を壊された」「暴力や暴言がある」「授業中に騒がしい」など、様々なクレームに追われるようになったのです。

学校では、ルールを徹底し、これ以上のトラブルが起きないようにすることで手一杯の状況でした。学年の雰囲気や子どもたちの行動を変えるには、根本的な解決が必要でした。

》子どもを伸ばすことに力を入れ、自己評価を高めることを最優先する

この事例では、次の意識をもつことがポイントになります。

問題行動の対応が必要ない状態をつくる。

問題行動が起きないようにすることで、子ども対応に時間と労力を割かなくてよいようにするのです。

では、具体的にどうしたらよいのでしょうか。

それはこれまで述べてきた通り、子どもが成長した事実をつくり、そして、子どもの自己評価を高めることに他なりません。

成長させるのも、自信をつけるのも、授業で実現することができます。

そもそも1日の大半は授業です。**授業が充実すれば、子どもが成長した事実も生まれます。**

また、資質・能力が養われることで、自信が高まり、子どもの自己評価も高まります。

授業では、仲間と協働することの気持ちよさ、大切さも教えることができます。

例えば、協力してチームで課題を解決する活動を用意するとします。

このとき、自分が苦手な分野は仲間に助けてもらい、自分が得意な分野でがんばるよう伝えます。適材適所で活躍してもらうのです。発表が得意な子は発表担当、プレゼンをつくるのが得意な子はプレゼン作成担当、といった具合です。

仲間で力を合わせたら、1人では到底できなかった課題もやり遂げることができます。こういう経験ができるのも、授業が充実してこそです。

このように、「問題行動の対応」に力を入れるよりは、「授業の充実」に力を入れるべきなのです。**成長した事実が生まれ、自己評価が高まり、仲間と協働することの大切さが実感できたら、自然と問題行動は減っていく**からです。そして、自分も含めたみんなの幸せになるようなことを意識した行動が増えていくのです。

この事例では、問題行動の対応に力を入れるあまり、時間と労力をそこに集中してしまっています。

また、**問題行動の対応に力を入れるほど、問題行動の方に教師も子どもの意識も焦点化してしまっています。**そして、「問題行動を起こすのが当たり前」という子どものイメージが、教師にも、本人にも、保護者や地域の方にまでできてしまうのです。

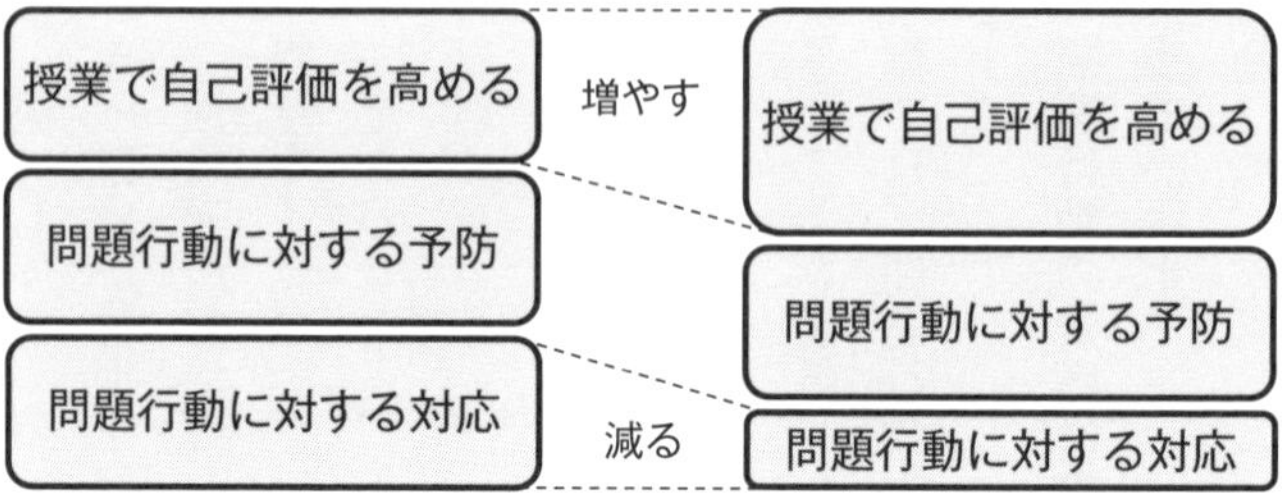

「授業で自己評価を高める」ことで問題行動が減り，望ましい行動が増え，「問題行動に対する対応」に時間と労力を割かずに済む。

繰り返しになりますが、人は自分がもつ「自己イメージ」通りに行動しています。「問題を起こし、教師に放課後に残されて指導されている自分」が普通だと思ってしまうと、本当にその通りに行動するようになるのです。これではいつまでも解決に向かいません。しかも、事例のように年々トラブルの質も数もエスカレートしていくことにもなりかねません。

この考え方を図で示します。

上の図の「問題行動に対する対応」とは、問題行動が起きたときに、その行動を対象として指導や支援、家庭や関係機関との連携を行うことを意味します。事例ではここに注力していました。

「問題行動に対する予防」とは、例えば「いじめは許されない。犯罪である」と宣言することや、教育相談の時間を定期的に取り、悩みや困り感に寄り添うことなど、問題行動がそもそも起きないよう予防することを意味します。他にも、アンケートによって、いじめや差別、孤立した子がいないかを調べることや、仲間と共に生きる喜びを感じさせる道徳の授業を行うこと、などが含まれます。

「授業で自己評価を高める」とは、先に説明した、授業を充実させることを意味します。

図のように、この3つのうち「授業で自己評価を高める」ことへの時間と労力の割合を増やすべきなのです。

すると、左から右のように変化します。つまり、そもそも「問題行動に対する対応」に注力する必要がなくなるのです。

「授業で自己評価を高める」ことによって、問題行動が減り、望ましい行動が増え、そもそも「問題行動に対する対応」に時間と労力を割かずに済むというわけです。

いわば、**授業の充実こそが問題行動への最大の予防策**なのです。

25

「信頼」のない状況での指導で、「信用」すら失ってしまう

年度はじめの学級に規律は保たれたけれど…

B先生は、学級開きの際、逸脱行動に厳しく対応することを意識していました。最初に逸脱行動を厳しく注意しないと、規律が乱れる原因になると考えたからです。

さて、B先生の学級には、昨年度まで問題行動を頻繁に起こしたり、荒れた言動を繰り返したりする子が複数いました。

初日、2日目と、その子たちは遅刻をしたり、教師の指示通りにやらなかったり、場にそぐわない発言をしたりしました。そのたびにB先生は厳しく注意しました。

学級開きで厳しく対応したことにより、学級の規律が乱れることはありませんでした。

B先生は、最初の指導がうまくいったことに安堵しました。

ところがです。4月が終わり、5月になると、問題が発生しました。**最初に厳しく注意した子どもたちに、今度は優しく指導しようとしても、素直に聴いてくれない**のです。

「レポートが前よりよくなってきたよ。ここはこう直すともっとよくなるよ」「学習をよくがんばっていますね。次はこんなふうにがんばるといいですよ」

授業などで親身になってアドバイスするのですが、聴いてくれません。聴いてくれないどころか、反発すらしてきます。

一方、別の教師が同じようなアドバイスをすると、その子たちは素直に聴いてがんばろうとするのでした。

ここに至って、B先生は気がつきました。

学級開きの際に厳しくすることだけを意識し、その子たちのよさを認めることを疎かにしていたと。その結果、その子たちから「今度の担任は自分の敵だ」「担任は自分たちのことを悪い人間だと考えている」などと受け取られてしまったのです。

つまり、B先生は、子どもから信頼されるどころか、「信用」まで失ってしまったのです。教師に対する信用がなくなったことで、子どもたちはB先生の指導を素直に受け容れられなくなったのです。

たとえB先生が親身になって正しい対応をしても、子どもたちに悪意に解釈されるため、すべてが裏目に出て、反発を招くことになってしまったのでした。

≫ まずは子どもの信頼を得ることに力を注ぐ

「子どもへの対応力」は、次のように「かけ算」で表現することができます。

「子ども理解力」×「指導力」×「教師への信頼と尊敬」＝「子どもへの対応力」

大前暁政（2020）『本当は大切だけど、誰も教えてくれない　教師の仕事　40のこと』明治図書、p.158

この式の怖いところは、**マイナスの状況があり得ること**です。

事例のように、「教師への信頼と尊敬」が低いと、子どもは教師の言葉を素直に受け容れなくなります。

それどころか、教師への信頼と尊敬がマイナスだと、教師の言動を、すべてよくない方向で受け取ってしまうのです。

つまり、教師がどんなに親身になって優しく、的確で正しい対応をしても、悪意や敵意あるものとして捉えられてしまうのです。そして、子どもはますます心を閉ざしてしまいます。

事例のような状態は、教師の「信用」すらなくしています。これは深刻な状況です。

こうなると、子どもは教師に反発するようになります。教師の言動の内容は関係ありません。たとえ正論であったとしても、善意であっても、子どもからの反発を招いてしまいます。

反対に、信頼と尊敬が十分にあれば、教師がたとえ厳しい注意やダメ出しをしたとしても、素直にその言葉を受け容れ、やる気が高まることがあります。

「先生は自分をさらに成長させようとしてくれている。自分はまだできる人なんだと思ってくれているんだ」と、教師の言動を前向きに捉えてくれるのです。

このように、子どもと教師の関係性が、対応に大きく影響します。**普段から子どもとよい関係を築いているか否かで、同じ言葉をかけたとしても、効果がまったく異なってくる**のです。

よって、この事例では、教師と子どもの関係性を良好にすることから始めるべきでした。

つまり、**最初に信頼と尊敬を得るようにすべきだった**のです。

信頼と尊敬のうち、「尊敬」には時間がかかります。だから、**まずは「信頼」を得ることに力を注ぎます。**

ここで教師自身が振り返ってほしいのです。

自分が信頼でき、尊敬できる人とはどんな人でしょうか。この人ならついていきたいと思える人はどんな人でしょうか。例えば、次のような人ではないでしょうか。

「自分のよさをわかってくれる人」

「話をすると自信が高まり、前向きな気持ちになれる人」

「困ったときに助けてくれ、安心感を与えてくれる人」

特に、昨年度まで問題行動が多かった子どもや、荒れていた子どもは、教師（大人）への不信感をもっていることがよくあります。

よって、その子に「教師は自分の味方だ」「教師は自分のよさを理解してくれる」「教師は自分を助けてくれる存在だ」と感じられるようにしなくてはなりません。

「マイナスの評価や、子どもの自己評価を下げる言動をしていないか」

「子どもの悪いところを指摘し、非難する裁判官のようになっていないか」

「教師の言動不一致が起きていないか」

「子どもの思いや願いを知ろうとしているか。都合よく動かそうとしていないか」

「子どものがんばりを探し、よいところを見つけ出そうとしているか」

「子どもが失敗したり困ったりしたときに、サポートし、励まそうとしているか」

このように、教師自らの言動を振り返り、信頼を子どもから得なくてはなりません。

少なくとも、信頼があるからこそ、子どもは教師に対し心を開いてくれるようになるのです。自分の気持ちを教師に話してくれますし、教師の話を素直に聴いてくれるようになります。

教師と子どもとの関係が良好になれば、子どもは教室で安心して過ごせるようになります。


子どもが教師の話を受け容れる心になっていないと、教師のすべての指導はうまくいかない。


このことを強く意識しておきたいのです。

子どもをどうコントロールするのかを考えることに注力する必要はありません。子どもとの良好な関係をどうつくるかに注力した方がよいのです。

26

教師は無意識のうちに、自身の価値観や信念で子どもを裁いている

熱心に指導しているはずなのに…

Y先生は、学習発表会や、学芸会の劇、運動会の表現運動など、子どもの発表をよくするための指導に熱心に取り組んでいました。

Y先生の指導スタイルは、練習会を何度か設け、発表を見たうえで、子どものできていないところを指摘するというものでした。

例えば、声が出ていなければ「もっと大きな声で発表しなさい」と告げます。ゆっくりセリフを言っていれば、「もう少し速く話しなさい」と助言します。

プレゼンが見えにくかったり、子どもがつくった資料がわかりにくかったりした場合は、どこがダメなのかを解説し、修正してくるよう指示しました。

Y先生自身は、熱心に指導しているつもりでした。ところが、次の練習会でも同じような失敗を子どもがしていることがよくありました。

話し方は、指摘したことが直っていません。プレゼンや資料も、指摘した内容があまり変わっていないのです。

それどころか、**Y先生が何度も悪いところの指摘を行うため、子どもが萎縮してしまい、1回目の練習会よりもよくない発表になる子もいました。**

さて、Y先生はその他の場面でも、子どもにダメな点を指摘することがありました。

例えば、学習発表会で、子どもたちが次のような提案をしたことがありました。

「教室の中で理科実験を実演したい」「寸劇をして、学習が深まったことを見せたい」「学習内容を解説した動画を作成し、見せながら発表したい」

このように、教師が思ってもみなかった発表の方法を子どもが提案することがあったのです。

Y先生は子どもが出した発表方法は想定になかったので奇抜なアイデアだと感じました。

そして、「そんな発表方法は聞いたことがないのでよくない」「他の学級はやっていないからよくない」などと却下してしまったのです。

Y先生は、**「過去に前例があるか」「例年と違っていないか」「教師の常識に合致しているか」が気になり、自身の価値観や信念の枠内で収めようとしてしまう**のでした。

〉〉自分の価値観や信念にとらわれず、多様性を認める

この事例では、子ども対応で気をつけるべき3つのことを学ぶことができます。

1つ目は、**短所は意識せずとも見え、長所は意識しないと見えない**ことです。人は、問題点の方がよく見えます。つまり、自分にとって「おかしい」「脅威だ」と感じられる事柄の方がよく目に映るのです。無意識に目につき、意識もそこに集中します。だから、人の短所ほど意識せずともよく見えるのです。

反対に、長所は意識しないと見えません。そのため、子どものよいところを見つけようと努力しなくてはなりません。そして、発見したよいところを、「認める、ほめる、励ます」前向きな対応で、伸ばすべきなのです。

この事例では、「子どものダメなところを矯正しよう」という意識が強過ぎました。そうではなく、子どものよいところを承認しながら、助言すべきだったのです。

2つ目は、**人は「自分が心地よいと感じる状態」を強固に維持しようとする**ことです。子どもであっても教師であっても、自分が心地よいと感じる状態に戻ろうとする働きは

強固です。意識していようとしていまいと、自動的に戻ろうとしてしまうのです。だから、子どもがせっかく前向きな新しい提案をしたのに、教師はそれを却下してしまっています。教師にとっての自分が心地よいと感じる状態が脅かされたからです。

3つ目は、**「人はだれでも心理的な盲点をもっている」という意識が欠けていた**ことです。

人はだれしも必ず「盲点」をもっています。一人ひとりが、何を重要と考えるのかは異なるからです。重要でないものは盲点となり、見えなくなるのです。

私たち教師は、自分1人の価値観、信念だけで子どもを見ていたらダメなのです。教育方法も、自分1人の価値観、信念だけで考えるのは、不十分な点が多くなります。よって、他の教員の考え方や見方も取り入れていくべきなのです。

ただし、教員集団は、同じような考え方、見方の人が多いという弱点もあります。だから、子どもが突拍子もないような学習方法を考えて、こういった学習方法でやってみたいと提案したとき、学校の慣例からすると、おかしいと思えることがあるのです。

大切なのは、「多様性」です。教育界以外の考え方、見方をも取り入れる努力を教師はすべきです。心理学など他分野の研究の成果や情報も貪欲に学び続けるようにしないといけないのです。

教師にとって「何かおかしい」「これは奇抜だ」と思えるような子どもの姿があるときほど、自分にとっての盲点である場合がよくあります。よって、自分にない考え方、見方だからといって、すぐに却下するのではなく、よく考えてみることが大切です。

これら3つの注意点を忘れるミスを防ぐため、私たち教師は次のように意識すべきです。

自分の価値観や信念だけで子どもを裁く「裁判官」になってはならない。

さて、この事例には続きがあります。悪いところを指摘すると緊張が高まり、余計ひどくなることを学んだY先生は、学習発表会の練習で、ほめる方向の指導に変えたのです。

悪いところは目をつぶり、よいところだけほめるようにしたのです。すると、よいところがますます伸びていきました。そして、不思議と短所が見えにくくなったのです。子どもの自信が高まり、堂々と発表できるようになったからです。

さらに、子どもの新しい提案を取り入れるようにしました。すると、他の子も教師が取り入れてくれる姿を見て、新しい提案をするようになりました。

その結果、この年の学習発表会は、これまでとは見違えるほどよい発表会に変貌したのです。教師1人の価値観や信念の枠内に、子どもを閉じ込めてはならないのです。

27

一枚岩を求めることが、学級の「心理的安全性」を脅かす

一見学級はまとまっているけれど…

T先生の学級では、「心を一つに」をスローガンとして、学級経営を進めていました。

いわば、学級全体が「一枚岩」となって動くよう導いていたのです。

このことは、「みんなで協力し合う」という意味では効果を発揮しました。例えば、大縄大会や学級対抗のコンクールでは、T先生の学級はよい成績を収めていたのです。

ところがです。T先生の学級では、みんなと違った意見を出したり、自分だけ違うことがやりたいと言ったりすると、集団から非難される雰囲気ができ上がっていました。

例えば、学級の多くの子が、「こんな行事にしたい」と意見が固まってきているときなどに、それに反対する意見を出した子が、みんなから非難されるのです。

学習の場面でも、人とは違った意見や考え方を出すと、「あの子はみんなと違う」「変な考え方をしている」などと、非難する空気が広がってしまうのです。

担任のT先生自身も、日常生活で、集団の動きからはみ出している子がいると、よく注意していました。例えば、廊下で少し騒いだり少し走ったりしただけで叱るのです。1日に何度も叱責があるため、子どもたちは「はみ出さないようにしよう」「一枚岩を乱さないようにしよう」という意識になっているようでした。

また、T先生の学級では、よく連帯責任を取らせていました。

例えば、宿題を忘れた子がいたら、提出できるまで休み時間を使って同じ班の子が教えないといけません。掃除をさぼっていた子がいたら、同じ場所を掃除していた他の子も、放課後に残されて掃除を行うといった具合です。

こうして、一枚岩のスローガンが、生活場面でも要求されているのでした。

T先生の学級を見ていると、4月はのびのびとした子どもらしさがあったのですが、1学期が終わるころになると、子どもらしさはなくなり、かわりに教師の顔色をうかがって過ごすようになってしまっていました。

「わがままを言わないようにしよう」「自分だけ違う言動をしないようにしよう」「反対意見を言わず、みんなに合わせて行動しよう」といった、子どもらしからぬことを考えて生活するようになったのです。

多様性を認める環境づくりを進める

「一枚岩」を求めるスローガンには、弱点があります。

それは、**多様性や個性を認めない雰囲気がつくられる**ことです。いわば、「全体主義」のような雰囲気ができ上がるのです。

「心理的安全性」を確保する観点で言えば、一枚岩のスローガンは、マイナスに働くことがあります。**心理的安全性を確保するには、各自が自分の個性をいかんなく発揮でき、自由に様々なゴールに向かって挑戦できる雰囲気が必要だから**です。

さて、事例で見たような学級は少なくありません。教師が子どもを監視し、少しでもはみ出した行動、1人だけ違う行動を取る子がいると、注意するのです。

この状態が続くと、子どもらしいしなやかさや自由さ、のびやかさはなくなっています。

このような窮屈な雰囲気が出てくると、学級の雰囲気を変えなくてはなりません。

必要になるのは、「多様性を認める環境づくり」です。

例えば、**個性を認める評価の観点をたくさん考えておくこと**も、その1つです。

子どもが個性を発揮しても、それに対してよい評価を与えられないと、そもそも個性を発揮しようとは思えません。そのため、個性を認める評価の観点が様々あることが必要になるのです。

先に、「存在の承認」で短所ですら長所に解釈できると述べました。このように、教師自身が、多様な個性に対してよい評価を与える評価の観点をもっておかなくてはなりません。そして、「ほめる、認める、励ます」声かけをしていくのです。

続いて、この事例では、**ハンドルでいう「あそび」の部分への意識が大切**になります。例えば、あえて教師が子どもに関わらない時間をつくる、といったことです。その時間は、子どもに任せておくようにするのです。

また、「目こぼし」も有効です。いたずらやわがまま、1人だけ違ったことをしている、ボーッとしているなど、いちいち注意するまでもないようなことは、あえて注意せず見守っておくのです。

「あえて教師が関わらない時間をつくる」、「目こぼし」によって、子ども独自のやり方で取り組んだり、一見活動には関係ないことをしたりする子も出てきます。

しかし、**はみ出した行動がその子の個性に合っていて、結局はその子の活動の充実につ**

ながった、ということはよくあるのです。

極端な例で言えば、子どもの中には、遊びながら気分を発散しつつ学習に向かった方が集中できる子もいます。

このように、学級の雰囲気を窮屈なものにしないため、ハンドルでいう「あそび」の部分を、あえて設けるようにします。

さて、この事例では、学級の心理的安全性を高めることへの意識も必要になります。例えば、人と違った意見、反対意見、突拍子もないと思える意見を出した子を、意識的に承認するのも効果的です。それぞれの個性を発揮する言動を、しっかり認めるようにするのです。

私の学級では、授業で意見が分かれたときには、討論をよくやっていました。討論では、結論や考え方が1つになることはほとんどありません。多種多様な意見が出て話し合いは終わります。

しかも、討論では教師は極力口出しせず、子どもだけで話し合わせます。教師はときどき議論の交通整理をしたり、新たな視点を与えたりと、わずかに関わるぐらいです。

むしろ、教師が口を出さない方が討論は盛り上がり、子どもの考えが深く、広くなることさえあります。

教師は評価者です。子どもたちは、どうしても教師の目が気になり、言いたい意見が言えないこともあります。だから、あえて脇役に徹するのです。

討論を行うことで、子どもの多様な意見が出されます。多様な意見が出ることで、考えが深まったり広がったりしたことに気づかせます。このように、**「多様性の価値」を学級で共通理解する**のです。

細井平洲の『嚶鳴館遺草《おうめいかんいそう》』（1835年刊行）に、次のような一節があるのは有名な話です。

「惣て人を取育て申心持は、菊好きの菊を作り候様には致間敷儀にて、百姓の菜大根を作り候様に可致事に御座候」（嚶鳴館遺草　巻五　つらつらふみ）

これは、人を育てる際、菊好きの人が菊を育てるように行うのではなく、農家が野菜や大根を育てるように行うべき、という意味です。菊好きが菊を育てる過程では、余分な枝を切り取り、多くのつぼみを捨てて伸びる勢いを縮めるといったことが行われます。一方で、農家が野菜や大根を育てる過程では、1本1株も大切にし、不ぞろいでも大事に育てようとします。要するに、**思い通りに子どもを育てようとすることがないようにという戒め**なのです。

私たち教師は、自身の姿勢を振り返らなくてはなりません。

「個性を矯正して、画一的な人を育てていないか」

「一枚岩を強要して、全体を優先するあまり、個人の自由が失われていないか」

「子どもらしさを失わせるような対応になっていないか」

そうではなく、**「それぞれの子が、それぞれのやり方で成長していけばよい」ぐらいに、大らかに構えていた方がよい**のです。その方が、結局子どもは、それぞれのよさを伸ばしていくことができるのです。

「大人がやってはいけないと言ったことをやろうとするのが子ども」「少々の失敗は成長の糧になる」「自由にはみ出す子がいてもいい」ぐらいに構えておけばよいのです。

【参考文献】
・大前暁政（2023）『心理的安全性と学級経営』東洋館出版社
・細井平洲（撰）、細井徳昌（編）、上田雄次郎（編）（1835）『嚶鳴館遺草』須原屋伊八

28
「未来」を重視し過ぎると、「今」の充実が損なわれる

1日の反省会が延々と続き…

あるベテラン教師は「将来の子どものため」と、忘れ物に対して長々と説教をしていました。忘れ物をした子を厳しく注意し、次から忘れ物をしないよう約束させました。

他にも、宿題やレポートの質が悪いと説教をしていました。教師の納得いく質になるまで、放課後に子どもを残して指導していたのです。

その学級では、帰りの会が30分程度かかるのが常でした。理由は、1日の反省会をしていたからです。ベテラン教師は言いました。「1日の反省ができないようでは、将来ダメになる。立派な大人になるには、帰りの会で1日を深く反省できないといけない」と。

やがて帰りの会は、「つるし上げ」の様相を呈してきました。**今日1日で少しでも失敗やミスをした子を取り上げ、次からどうしたらよいか延々と意見を言い合う**のです。

やんちゃな子ほど下を向いて、肩身の狭い思いをして会が終わるのを待っていました。

》学校は子どもが充実した生活を送る場所だと心得る

教育行為には、あえて分けるとすると、**今の子どもの生活の充実を図るためのものと、未来の子どもの生活の充実を図るためのもの**があります。

例えば、反省の力を養うため、反省会を毎日行うというのは、どちらかと言えば、未来の子どもの生活の充実を図る教育行為です。

悪いところを見直し、それを反省するのは、今は辛いことです。しかし、時間が経ち、反省の仕方や自分の歩みを軌道修正できる力が高まれば、未来の子どもの生活は充実するはずです。

このように、あえて分けると、現在の子どもの生活の充実に資する教育行為と、時間が経ち未来になったとき子どもの生活の充実に資する教育行為との2つがあるのです。

これらは、どちらかだけが大切というものではありません。

問題は、教師の側にこの2つの性質をもつ教育行為があり、どちらも大切であるという意識があるかどうかなのです。

そして、私たち教師はもう1つ意識できていないといけません。

それは、**今の子どもの生活の充実を図る教育と未来の子どもの生活の充実を図る教育が逆転してはいけない**ことです。つまり、「未来のため」と称して、今の生活の充実が損なわれるようではよくないということです。

未来の子どもの生活の充実を図る教育を優先し過ぎると、今この学級で生きる子どもの生活の充実が失われることがあるからです。

私は、命の危険をともなう病気の子を担任したことがあります。医師からは、病気の悪化の時期はわからず、いつ来てもおかしくないと言われていました。

中にはこのような子どももいます。ひょっとすると、大人になることすら難しいかもしれないのです。その子にとっては、教室で生きる、「今、この一瞬」が充実して楽しい方がよいに決まっています。

この子を担任したとき、強く思いました。「今日1日を、学校という場で、できるだけ充実したものにしよう」と。

「教室で過ごす時間は、子どもの人生そのものであり、1日1日を最高のものにしないといけない」と思うきっかけになったのです。

「今日は、イベントをして、みんなと充実して過ごせた」
「今日の授業は新しい発見、予想外の発見があっておもしろかった」
「今日は、授業で討論が白熱し、いったいどの意見に妥当性があるのかわからなくなって、家に帰っても必死になって考えた」
「今日は、できないと思っていたことができるようになって成長した」
「今日は、学級で困ったことを解決するために話し合い、この学級をよりよくする活動に貢献できたのでよかった」

そういう一瞬一瞬の、今の充実を考えるようになりました。

まず、現在子どもが充実して学級で過ごせる教育を考える。優先順位で言えば、これが「緊急・重要」だと考えたのです。

もちろん、現在の生活の充実と、未来の生活の充実を両立させた教育ができれば、それが一番よいのです。

さて、今の生活の充実のためには、「生活のバランス」も重要です。

子どもの生活には、様々な場面があります。

学校での学習だけでなく、授業外の生活やクラブ活動、地域の部活、習い事、家族と過ごす時間、余暇の時間、趣味の時間、放課後に遊ぶ時間など、様々な場面があります。その様々な場面の充実を考えなくてはなりません。

例えば、将来スポーツのプロ選手を目指しているとしても、「今は部活一辺倒」というのは不自然です。

部活動だけでなく、学習や遊び、家族との時間などもバランスを取り、子どもが過ごせるようにしていく必要があるということです。

だから、ゴールを子どもに考えさせる際、生活のバランスが取れるよう、様々な場面でのゴールを考えさせたいのです。

29 「マイナス→0」と「0→プラス」では、対応が大きく異なる

根本的なエネルギーが低くなっていると…

若いA先生は、ある年、小学校高学年の学級を受けもちました。

4月の個別面談で、「自分には価値がない」「学校に行く気力がわかない」「自分は何をやってもできない」といったことを言う子が数人いました。さらには、「自分なんて生きる価値がない」「死にたい」といったニュアンスの言葉を口にする子までいました。

この子たちは、生きる気力が低下しているように見受けられました。 学級で楽しい活動を用意しても、活動に参加しなかったり、学校に来なかったりするのです。

生きる気力という根本的なエネルギーが低くなっている子は、前向きに行動できずにいました。そして、やる気が高まるまで大変長い時間を必要としました。

A先生は、「生きる気力を失わせることだけは、学校であってはいけないのだ」と考えるようになりました。

≫ 子どもの状態によって対応を変える

子どもが「消えたい」「生きることに疲れた」などと口にする場合、生きる気力そのものが低下してしまっており、大変危険な状態です。

そもそも、生まれながらにして自己評価の低い人はいません。また、最初から自分に対して否定的な自己イメージをもつ人もいません。

生きていく過程で自己評価が下がり、否定的な自己イメージをもつに至ったのです。

その原因が、「環境」にあることが多々あります。環境の中でも、「まわりにいる人」の影響は大きなものがあります。

まわりの大人から低く評価されたり、まわりの友だちから不当に扱われたりして、そう感じるようになったかもしれないのです。

学校も重要な環境の1つです。A先生も気づいたように、学校によって子どもの生きる気力が低くなることだけは避けなくてはなりません。

人からの扱われ方が自己評価や自己イメージに大きな影響を与えるなら、その扱われ方を、別のものに変えたらよいのです。その子の自己評価を高め、前向きな自己イメージをもつことができるようにすればよいのです。

さてここで、教師としては、**子どもの状態によって対応を変えることの意識**が必要になります。その対応には、大きく次の2つが考えられます。

①マイナスの状態から、0の状態に導く対応
②0の状態から、プラスの状態に導く対応

この2つの対応は異なるということを意識したいのです。

「マイナスの状態」とは、心が疲弊し、後ろ向きな姿勢になっていることを意味します。時には、自暴自棄になったり、死を口にしたりしている状態のこともあります。

このマイナスの状態の場合、未来のゴールを意識させる対応よりは、カウンセリング的な対応が必要となります。

状態が深刻な場合は、精神科医などの専門の医師と連携しての対応も必要になります。

このように、子どもの状態によって、対応を変えていく意識が必要になるのです。

①で、軽度のマイナスであれば、「存在の承認」から対応していくことができます。
例えば、家庭のトラブルで気持ちが落ち込んでいる子もいます。その場合、「学校に来てくれただけで先生はうれしい。ありがとう」と気持ちを伝えるようにしたいのです。

不登校傾向の子も同じです。「放課後だけは来てくれた」「電話にだけは出てくれた」「訪問時に声だけ聴かせてくれた」といったことだけでも、感謝の気持ちを伝えるのです。

やがて、生きる気力が高まってくれれば、活動にも徐々に前向きに参加してくれるはずです。「マイナスの状態」が、「0の状態」になったのです。

そのとき、②の対応に切り替えていきます。自分のやりたいことを見つけ、仲間と協働しながら自分のゴールに向かって歩むことの楽しさを味わわせていくのです。

心が深刻なマイナスの状態に陥っている子に比べたら、荒れていたずらを繰り返している子は、生きる気力にあふれていると言えます。

生きる気力を失うような対応だけは学校ではしてはならない。そう考えておきたいのです。

そして、**子どもの状態によって、教師の対応を変化させなくてはならない**のです。

第7章

本当は大切だけど、誰も教えてくれない

[教師の姿勢] 6のこと

30

短期的な成果が、ゴールへの最短距離とは限らない

愛情を人一倍注いでいるのに…

K先生は、愛着障害が疑われる子を担任していました。

医師や児童相談所などの関係機関から、「愛情を人一倍注がないといけない」と聞いていました。そのこともあって、その子には特に優しく、親身に接していました。

その子には解離症状が見られました。突然、人が変わったように、暴言を吐いたり、自暴自棄になったりするのです。また、知らない人が見えるといって逃げ回ることもありました。フラッシュバックも時折あり、過去の嫌な出来事を思い出しては泣いたり、暴れたりしました。暴れたことを覚えていないこともよくありました。

K先生は、その子に対して粘り強く、優しく親身な対応を続けました。いつか、きっと症状が安定すると信じ、医師からの助言もあって、愛情を注ぐことを第一に考えて対応していたのです。

しかし、子どもの症状はなかなか改善しませんでした。授業中に突然暴れ出し、落ち着くために移動した保健室でも暴れ、そして、人が変わったように落ち込み、泣いて教室に帰ってくるのです。

症状の改善が見られないため、保護者からクレームが学校に届くことがありました。担任の指導や学校環境、まわりの子どもたちが悪いと批判されるのです。クレームは連日続くこともありました。

医師の見立てでは、愛着障害に対し、愛情を与える対応は効果的なのだが、愛情を与えるほど、反抗が強まる場合があるとのことでした。愛情を与えてくれる人に対する反抗が一時的に強まり、反抗の過程を経て、やがて症状は落ち着くというのです。

反抗が強まっている時期には、Ｋ先生に対し、子ども本人からの暴言だけでなく、保護者からも批判が寄せられました。さらには、他の保護者からも、学習が落ち着いてできないなどと、苦情が寄せられてしまったのでした。

Ｋ先生は、**粘り強く、熱心に指導をしていたのですが、見返りどころか、批判や非難が返ってくるので、徐々に疲弊していってしまった**のです。

》教育効果が表れるまでに時間がかかる場合があることを想定しておく

人間ならだれしも、自分が行ったことに対しての称賛や、成果が返ってくることを望んでいます。言わば、「見返り」を望んでしまうのです。

しかし、事例のように、見返りどころか、まったく成果が現れず、正しい対応をしても一時的に子どもが荒れてしまい、まわりから批判が集まることもあります。

特に、愛着障害の子に対応するとき、教師が親身になるほど、子どもの反抗が強まることがあります。そのため、教師は困惑し、疲弊してしまうのです。

愛着障害の場合、過去に愛着関係を築ける人が身近にいなかった可能性があります。つまり、身近な人に、わがままや自己主張、甘えを行う経験ができなかったのです。そのため、だれかと愛着関係ができてくると、その人に対して愛情を試す行為（「試し行動」（リミットテスティング））をすることがあるのです。

こうした場合、教師にとってみれば、何の見返りもないどころか、子ども本人からの反抗や、まわりからの批判にさらされることがあります。「見返りがある」と期待してしまうと、教師の心も身体も疲弊してしまいます。

見返りを求めてしまうのが人情とはいえ、教師の仕事はあくまで奉仕なのだと心得ておく必要があります。**教育効果が表れるまで時間がかかったとしても、子どものためにできる最善を尽くす以外にない**のです。

「それが教師の仕事なのだ」と考えると、少しは楽に状況を捉えられるはずです。

保護者からの苦情にも、「今はこういう方針で教育をしているので、見守ってほしい」と趣意説明を粘り強く行っていくしかありません。

成果が出ないからと焦りを感じ、短期的に成果が見える仕事ばかりに力を入れると、実はゴールへの最短距離ではなかったという場合があります。「教育には、成果が出るまで時間がかかるものもある」と、焦らない、動じない心をもつ必要があるのです。

実際、この事例の子は、荒れが最もひどくなった後、ようやく落ち着いていきました。医師が言った通り、愛情が満たされれば、落ち着いて生活できるようになったのです。

もし途中で功に焦り、親身に接することをやめ、学級から隔離したり、ルールを守らせるだけの冷たい指導に移ったりしたらどうだったでしょうか。冷たい指導をする人と愛着関係を築こうとはしませんから、一時的に荒れは収まったかもしれません。

学級から隔離すれば、人と会わない分、トラブルも減ったことでしょう。

しかし、これではきっと、根本的な解決はいつまでも訪れなかったことでしょう。

このように、指導の効果が発揮されるまでに時間を必要とすることもあるのです。

他にも、例えば「自立を促す指導」も時間がかかります。

なぜなら、**教師が教えたらすぐに終わる活動でも、自立を促すには、「あえて教えずに見守っておく」「半分だけ教えて、あとは任せる」といった指導が必要になるから**です。

教師が全部教えた方が、子どもの活動も充実するかもしれませんし、成果が出るかもしれません。

しかしこれも、功を焦って、成果をだれかに称賛されたいがために、教師が全部やってしまっていると、いつまでも子どもに自立の力や姿勢が養われないことになるのです。

31

行動変容を望むなら、子どもの思いや願いの確認は不可欠

味方と協力するプレーはやりたいと思っているけれど…

Ｄ先生の学級に、体育のゴール型ゲームで、パスをしない子がいました。最初、Ｄ先生は「パスをするように」と何度もその子に伝えました。しかし、いつまで経ってもパスはしませんでした。

最初の対応では、子どもの思いや願いを確認することはしていませんでした。それではうまくいかなかったので、対応を変えてみることにしました。

まず、理由を尋ねました。するとその子は、「自分が一番うまいから」と答えました。「パスをすると、味方がボールを取られてしまう。だから、自分でボールを運んでシュートまでいった方が試合に勝てる」と考えているのでした。

本人は、「それが最善だ」「チームのためになる」と思っているのでパスをしません。しかし、味方はというと、「自分勝手なプレーばかりしている」「あの子とチームを組むと、

パスが回ってこないので試合がおもしろくない」などと思っています。

「パスをして試合を組み立てた方が楽だよ」「パスをつないでゴールまでいくと楽しいよ」などと伝えても、一向にパスをしません。

ただ、本人は味方と協力するプレーはやりたいと思っているのでした。しかし、**味方がすぐにボールを取られてしまうので、協力が難しいと困っていた**のです。

そこで、次の対応をしてみました。

まず、パスを受ける味方の技能を高めることにしました。相手にボールを取られないよう、ボールキープの基礎を教えたのです。また、ルールも変更しました。ボールを保持している相手に、強いタックルができないルールをつくったのです。

すると、パスしても味方がキープし、パスを返してくれるので、相手ボールになることは減りました。

続いて、パスをつないだ方が得点のチャンスが生まれることを体験させました。

ボールを持った選手が、長い距離をゴールに向かって突っ込むと、敵が前に立ち、ボールがはね返されます。強いタックルはできませんが、前に立っての妨害はできるからです。

しかし、いったんフリーの味方にボールを預け、自分がフリーになる動きをすれば、楽にシュートまで行けます。

また、自分が複数の敵にマークされる場合、味方にパスをした方が、得点しやすいことを体験させました。しかも、この場合、敵を引きつけてパスしたことで得点が生まれているので、パスした子の貢献が大きいのだと教えました。

その結果、その子は自然とパスをするようになりました。パスをしたいと思える環境になったから、子どもの動きが自然と変わったのです。

パスをつないで得点するようになると、ある出来事が起きました。それは、チームメイトが、その子のパスを喜んでくれたことです。

また、その子本人も、パスをつないでシュートまで決めたことがうれしいと感じました。みんなで作戦を立て、協力してゴールできたことがうれしかったのです。

だから徐々に、みんなのために、チームのために、パスを出そうと思うようになったのです。利己的プレーから、利他的プレーに変わったのでした。

この経験を通し、D先生は「子どもの思いや願いの確認が大切」「子どもが自分の行動を自分で変化させようと思えるようにすることが大切」と学んだのでした。

›› 子どもが実感として学び、心から変わりたいと思えるまでには時間がかかると心得る

この子は、最終的には、みんなの喜びを自分の喜びとして感じられるようになりました。最初の段階では、相手チームが強いと、負けたのは自分以外の責任だと不貞腐れていたのです。

子どもの行動変容があるとき、最初は「利己的」に考えていることも少なくありません。この事例のように「利他的」になるには、どうしても時間がかかります。

チームで協力する喜びや、感謝される気持ちよさを味わう体験を経て気持ちの変化が起き、利己的な姿勢が利他的な姿勢に変容したのです。

そして、教師が教えるだけではなく、子どもたちの意見や考えも吸収しながら、本人は学んでいきました。つまり、**集団から学ぶという「社会的な学び」もあった**のです。

このように、子どもが変容するのには、様々な環境の要素があります。

しかも、体験を通さないとわからないこともあるので、変容にどうしても時間がかかるのです。

だから、子どもの状態を見て、その子の今の状態がよくないなら、教師として何とかしないといけませんが、無理は禁物なのです。

その子はどうしたいのか、その子の理想状態（ゴール）は何なのかを尋ね、その理想状態に導くよう、手立てを打っていけばよいのです。

つまり大切なのは、**子どもの行動変容を教師が望んだときに、子どもの思いや願いを確認する作業を怠らない**ということです。

子どもを動かす方法は、様々なものがあります。

例えば、教師の威圧的な態度でも、子どもは嫌々ながら動きます。

罰を与えること、連帯責任を取らせることでも、子どもは動くでしょう。

しかし、これは無理矢理動かしているだけで、本人が動きたいと願って自分から進んで動いているわけではありません。教師がいないところ、管理者がいないところでは、教師が求めた行動を取らなくなります。

つまり、自分から動くように導かないと、教育的効果も薄いわけです。

したがって、自分から動くように導く方法を教師は工夫しないといけません。

例えば、「この行動には価値がある」と趣意説明をすることも効果的です。趣意説明をされると、意義がわかり、納得して動くことができます。

また、「結果の期待」「成功への見通し」をもたせると、子どもたちは自分から動きます。「あと少しで成功しそうだ」「自分ならできそうだ」と思えると自分から動くのです。

他にも、「友だちががんばっている」「みんなががんばっている」「がんばる雰囲気がある」といったときには、自分もがんばろうと思えます。

こういったように、自分から動きたいと思えるような手立てを打ったり、環境を用意したりするべきなのです。

教師はつい、自分の思い通りに子どもを動かそうと思ってしまいがちです。

ただ、**教師の思い通りに動かそうとする意識が強すぎると、むしろうまく子どもを動かせないことになる**のです。

そうではなく、「子どもの思いや願いを確認して、サポートしよう」「子どもが自分で動きたくなる環境をつくろう」と思った方がうまくいくことが多いのです。

32

教室の子どもの姿は、教師の行動を映し出す「鏡」

教師の行動が子どもたちの行動にも反映され…

Ｌ先生の学校では、子どもが回答する「学校アンケート」が定期的に行われていました。学校アンケートは、記名式で行われるときもあれば、無記名のときもありました。

さて、Ｌ先生の学級を集計してみると、記名式のときは特に問題ありませんでした。「授業がわかりやすい」「親しく話しかけてくれるのでうれしい」などと、よい結果だったのです。

ところが、無記名のアンケートでは、厳しい意見が子どもから出されたのでした。

「先生が差別やひいきをしている」

「Ｌ先生は、人によって接し方が違う。あの子にはいつも優しくほめているのに、私には冷たい」

「Ｌ先生は、いつも叱ってばかりだ。自分もよくダメだと言われる」

「L先生は、自分のお気に入りの人ばかりに関わっている。もっとまんべんなく関わってほしい」

「L先生は、○○さんをいつもほめている。△△君はいつも叱っている」

アンケート結果を見たL先生は、愕然としました。無意識とはいえ、子どもによって対応が変わってしまっていた自分を恥じたのです。

ところが、問題はそれだけで済みませんでした。不思議なことに、その学級では、L先生と似た行動が子どもたちにも見られるようになっていたのです。

例えば、L先生が冷たく対応しているとアンケートで指摘された子には、子どもたちも冷たく対応していることに気づいたのです。

また、L先生がよくダメ出しをする子に対しては、子どもたちもダメ出しをするようになっていたのです。

つまり、子どもたちも、教師の行動と似た形で同級生へのつき合い方を変えていたのです。

教師が普段行っている子ども対応が、まるで鏡のように子どもたちに反映していたのです。

ロールモデルになることを意識する

教師も、子どもに大きな影響を与える「環境」の1つです。

ここでいう、環境には、2つの意味があります。

1つ目は、**教師が「安全基地」としての環境になっているか**です。

例えば、教師が「批判者」「あら探しをする人」「裁く人」になっているとします。

その場合、子どもは学級で、安心・安全を感じることができなくなります。教師からの批判を恐れ、高い目標への挑戦に躊躇を覚える子もいるでしょう。

反対に、教師が「子どもに感謝する人」だったらどうでしょうか。

しかも、子どものよさやがんばりに注目し、それを承認してくれるのです。

また、困っても励ましてくれ、サポートをしっかりとしてくれます。

それならば、子どもは教師のことを、安全基地のように思ってくれるはずです。

このように、まず教師は、子どもにとっての安全基地になっているかを振り返らなくてはなりません。

「子どもが不安、不満などを言っても、話を聴こうとしているか」

「子どもが何かを行ったときは、そのがんばりをねぎらっているか」

「子どもの可能性と善意を信じているか」

「結果だけでなく、成長を見ているか」

「失敗続きでも、存在自体を肯定的に捉えているか」

「長所を幅広く捉え、多様性を認め、個性をよいところとして認めているか」

教師が安全基地の機能を果たしているからこそ、子どもは高い目標にも果敢に挑戦できるのです。


さて、環境の2つ目の意味は、次です。

教師の考え方（価値観、信念）や行動は、子どもに影響している。


例えば、教師が「批判者」であるなら、そのような考え方や行動が子どもに影響します。子どももまた、同級生の短所を見つけてはそれを指摘し、批判するようになるのです。

教師が差別的で、ひいきをする人間なら、子どもも差別を行います。

学校現場で昔から伝わっている格言に、次のものがあります。

「子どもは、教師が言ったことはしないが、教師が行っていることはする」

つまり、**教室の子どもの姿は、教師の行動を映し出す「鏡」**と言えるのです。

だからこそ教師は、自分の行動に責任をもたなくてはなりません。

そして、この格言を、よい方向に具現化することを考えなくてはなりません。

教師が学問に対して興味をもち、おもしろいと心から思えていると、子どもも学習に興味をもってくれます。

教師が、子どもの小さながんばりにも感謝している人なら、子どもも友だちのがんばりに感謝するようになります。

このように、教師の考え方や生き方が、子どもに影響しているのです。

ということは、もし教師が、子どもにとっての憧れ、見本となる生き方が示せたら、子どもによい影響が与えられることを意味します。つまり、**教師が子どもにとっての「ロールモデル」になればよい**のです。

例えば、「自分から進んで動く」「子どもに敬意を払う」「教師も高い目標に向かって挑戦する」「人のよさに注目し承認する」といった具合です。このように、子どもにとってよい影響を与える行動を率先して行えばよいのです。

33 「知る」→「行動が変わる」までには多くの段階がある

子どもを信じて任せてみても…


Ｈ先生は、子どもを信じ、子どもに任せてみることがよくありました。

しかし、時に「子どもに裏切られた」と、Ｈ先生が感じる場面もありました。

例えば、課題の提出場面でのことです。

締切になっても提出しない子がいたので声をかけると、「締切を延長してくれると、すぐ提出できる」と言います。Ｈ先生はその言葉を信じ、待ってみることにしました。

ところが、締切を大幅に過ぎても、課題は提出されませんでした。尋ねてみると、まだできていないとのことです。課題のやり方は教えましたし、完成の見本も渡しています。それなのに、一向に提出されないのです。再三提出を促したところ、結局やっつけ仕事の課題が提出されたのでした。

また、同じ課題で資料を丸写ししたものを提出した子もいました。Ｈ先生が何度も、

「資料の丸写しはしないように」と伝えたにもかかわらずです。

そのことを指摘すると、「つい出来心で」と言います。次からはルールを守るよう伝えたのですが、その後も同じような丸写しをときどきしてくるのです。

他の場面でも、似たような出来事がありました。例えば、地域のイベントや競技会などに団体で参加したときのことです。団体参加のため、だれかが欠席すると、演劇の役割が変わってしまったり、リレーに出場できなくなったりします。

ところが、体調はよいのに「用事ができた」といって、当日突然休んでしまう子がいました。前日まで練習を重ねており、熱心に取り組んでいただけに、H先生は愕然としてしまいました。しかも後日、本当は用事があったのではなく、地域で遊んでいたという証言が、H先生に飛び込んできたのです。他の子が目撃していたのでした。

他にも、長期休業中に警察から連絡があり、店で悪さをしたり立ち入り禁止の場所で遊んだりする子がいたとの報告を受けました。休み前に注意したにもかかわらずです。

H先生は、教師が正しく導けば、子どもは正しい行動を行うという「性善説」に立っていました。子どもを信じて任せていたH先生は、**経験を重ねることに、自分の期待を裏切られる出来事が増え、子どもを信用できなくなっていく自分を感じていた**のでした。

≫ 子どもは成長過程で、学んでいる途中なのだと心得る

子どもは成長の途上にいます。失敗もしながら学んでいます。ズルもしますし、やってはいけないことをあえて行うこともあります。

事例のように、教師の期待が大きいほど、期待通りでなかったときの落ち込みが大きくなります。そこで、**「子どもに完璧を求めない」姿勢が大切**になります。

学校現場には、「子どもに完璧を求めると、弊害が出る」という格言があります。あまり子どもに完璧を求めると、案外子どもの行動に幅が出ず、成長も阻害されてしまう面があるのです。

もちろん、いじめや万引きなど人として許されない行為、法律違反の行為はきちんと守らせます。しかし、その他のことは、深刻に捉えなくてもよいことが多いのです。

さて、大切なイベントをさぼった子は、後で後悔したと日記に書いてきました。休んでみてはじめて、他の子に迷惑をかけたこと、自分の役割を放棄した後ろめたさを感じ、大きな後悔の念に駆られたのです。

これは1つの大切な経験です。経験を通して、実感として学べたと言えます。

子どもは失敗から学び、そして成長の途上にあります。**失敗から何かを学ぶことができたら、それはよい教育の機会になったのだと、おおらかに構えておけばよい**のです。

そもそも、教師が子どもに対して、「困った」と感じる状況は、ある意味で子どもの成長のチャンスであることが少なくありません。

単に、教師の困り感や多忙感をなくすだけなら、子どもの失敗やトラブルが起きないよう、先手を打っておけば済みます。しかし、それで子どもの成長があるか、子どもの自立を促せるかと言えば、効果的でない場合もあります。

例えば、イベントに参加するのをそもそも止めてしまうといった具合です。または、当日に休みそうな子は、そもそもイベントのメンバーから外しておくのです。

それなら確かに、問題行動（と教師が感じるもの）やトラブルは激減します。しかし、それは当日休む子や課題を出さない子に対する教育を先延ばしたに過ぎません。

せっかく教師が「困る」と思える状況があったのなら、子どもの行動を分析してみて、成長できる場に変えてしまえばよいのです。

例えば、そのことを未だ学習していないという**「未学習」による失敗**なら、教師が丁寧に子どもに教えたらよいのです。

レポート提出が遅れたのに何も言ってこないなら、「遅れることはだれでもあるから、そんなときは、遅れた理由といつまでに提出できそうかを言えばいいよ」と教えます。するると、子どもに望ましい力や姿勢が身につき、自立に一歩近づくというわけです。

もし、不適切な行動を正しい行動と誤って理解している**「誤学習」による失敗**なら、本当に正しい行動とは何かを教えたらよいのです。

イベントをさぼったことが誤学習によるものなら、「急に緊張したとか、急に参加が怖くなったからといって、そこから逃げることは解決にはならないよ。成長できる場ほど緊張感が高くなるから、次はチャレンジしてみてね。失敗したって成長になるから」などと正しい行動の仕方を教えていけばよいのです。

子どもは、教師の期待に応えるために生きているのではありません。

子どもは各自、様々な行動を選択しながら、学び、成長していると捉えたいのです。

さて、教師は大切にしてほしい考え方や行動を、日ごろ子どもに伝えているはずです。

それを、子どもが「知った」とします。

しかし、「知る」と「わかる」では、理解の深さが異なります。「わかる」の方が理解が深くなります。つまり**「知る→わかる」の間には、時間や経験の蓄積が必要**なのです。

では、「知る」から、「わかる」まで到達したとします。しかし、これでもまだ理解は不十分かもしれないのです。

子どもはここから、「心から納得する、実感する」という深い理解に到達するからです。

この深い理解への到達にも、時間や経験の蓄積が必要になります。

そして、最終的に「考え方や行動が変わる」のです。

①知る
②わかる
③心から納得する、実感する
④考え方が変わる
⑤行動が変わる

⑤まで到達するにはこのように何段階もあり、時間や経験の蓄積が必要になります。
「子どもは学んでいる途中」と考え、おおらかな気持ちで教育にあたればよいのです。

34

教師のもつ「哲学」は、無自覚のうちに子ども対応に反映される

1年後の結果は、教師の考え方通りに…

B先生は「子どもの資質・能力は、生まれつき決まっている」という考え方の持ち主でした。B先生の学級では、**できる子は1年間学習で活躍し、1年後もできる状態でした。一方、できない子は1年間学習に苦戦し、1年後もできない状態**でした。

B先生のもとでは、責任のある仕事はすべて、できる子に割り当てられていました。教師が仕事を依頼する場合も、いつもできる子が対象となっていました。

一方、別の先生は「子どもの資質・能力はどこまでも伸びる」と考えていました。「できる、できないは現状に過ぎない」と捉え、未来は無限の可能性に満ちていると考えていたのです。この先生のもとでは、どの子にも責任のある役割が与えられました。そして、1年後には、できる、できないの差が縮まり、多くの子の自信や能力が高まっていました。

教師の考え方次第で子ども対応が異なり、しかも1年後の成長の結果も違ったのです。

教師の哲学を定期的に振り返り、自覚しておく

子ども対応で気をつけなければならないのは、**教師の価値観や信念、人生観、生き方などの考え方が、そのまま対応の仕方に表れてしまう**ということです。

いわば、**教師のもつ「哲学」が、自動的に子ども対応に反映してしまう**のです。

例えば、「子どもの自立を促したい」「子どもに自分から進んで動く主体性を育てたい」と願っている教師がいるとします。

ところが、この教師の考え方として、「子どもだけに任せると適当にやってしまうので、教師が監視する必要がある」などと思っているとします。

すると、「子どもの自立を促したい」「主体性を育てたい」と思っていても、「教師が監視して子どもにきちんとやらせていく」という、目的とは反対の対応をしてしまうのです。

たとえ子どもの自律性を認め、任せるべき場面でも、反対の対応をしてしまうのです。

このような間違った対応を避けるため、哲学を振り返ることが大切になります。

「教師としてどうありたいのか」「教育の意義や目的をどう考えるのか」「どういう教育

方針が望ましいのか」「学校教育はどう行うべきなのか」などの哲学をもち、その哲学を自覚しておく必要があるのです。

ここでは、哲学の1つとして「学校教育は何のために行っているのか」を例に考えます。学校教育の目的は、様々考えられます。「子どもの学習意欲や自信を高めること」もありますし、「子どもの資質・能力を伸ばすこと」もあります。

ひと言でいうとそうなのですが、これをもう少し深く考えてみます。

ここでは、「子どもの資質・能力を伸ばす」で、考えます。

子どもは自然と成長しています。よって、短距離走のタイム1つとっても、時間が経てば、指導がなくてもタイムは縮みます。身長も筋力も時間とともに成長していきますから、当然です。自然と成長するのを見守るだけなら、学校教育は必要ありません。

学校教育が必要なのは、自然の成長よりも、教師の指導によって子どもを伸ばせるからです。だからこそ、教師がいる意味があり、学校教育の意味があると言えます。

指導の結果、「走り方のフォームが美しくなった」「スタートの仕方が身についた」「走り方を、はじめ、中、終わりで変えることが理解でき、技能も習得した」などの成長が見られるからこそ、教師や学校教育の意味があるのです。

さて、学校教育の目的に関して、さらに深掘りしていきます。

「資質・能力」を育てることも大切な目的ですが、それだけでは不十分です。

歴史を紐解くと、かつての日本でも、かつての世界でも、厳しく指導することによって資質・能力を高めようとした時代がありました。厳しく指導し、無理矢理練習させたり、知識を詰め込んだりしても、資質・能力を伸ばすことは可能でした。

一方で、自信がなくなったり、学習への意欲がなくなったりする弊害も起きました。よって、資質・能力を伸ばすだけでは、不十分と言えます。学習意欲や自信まで高めることができて、はじめて学校教育の意味があったと言えるのです。

では、それだけで十分でしょうか。

さらに、まだあります。それは、「自立の力」を養うことです。

義務教育はやがて終わります。教師はやがてそばにいなくなります。よって、自分1人で生きていける力や姿勢を養う必要があります。

自立を意識すると、指導の仕方も変わります。

単に短距離走のタイムを伸ばすだけでは不十分です。

他にも、「練習の仕方が身についた」「学習を振り返って、自分に合った練習方法に改善できる力が身についた」「仲間と協力して学ぶ姿勢が身についた」などの、自立の力や姿勢を養うことができなくてはなりません。

さらに、自立のためには、自分も含めた皆の役に立つ喜びを教えなくてはなりません。よって、社会全体に役立てる喜びを体験させておく指導が考えられます。

友だちの練習を手伝うことで感謝されてうれしかった、友だちと助言し合ったり記録を取り合ったりして充実した学習になったなど、そういう気持ちも味わわせておくのです。人は、だれかの笑顔を見ると、自分も幸せを感じるものです。自分も含めたみんなが幸せになる喜びを体験させるのです。

すると、自分の夢や目標に「みんなのため」という視点が入るようになります。自分のゴールが利己的なものばかりでなく、利他的なものも含まれるようになるのです。

ここまで、「学校教育は何のために行っているのか」を例として深掘りしました。教育に関する問題を深掘りすると、教育への哲学を意識することができたはずです。

そして教育への哲学を意識することで、日々の教育行為にも変化が出てくるはずなのです。

なお、ここからさらに深掘りすることもできます。例えば「学校教育はどう行うべきなのか」というような問題も考えるのです。

「一律に教える」のか、それとも「個別に最適な教育を施す」のか、という問題があります。「個別に最適な教育を施すべきだ」と考える教師なら、その哲学がそのまま教育行為に表れているはずです。

例えば、国や教育委員会が推奨している何らかの教育方法があったとしても、それに合わない子がいた場合、その子に合わせて教育方法を変化させるはずです。

最近は、ギフテッドの中に、協働的な学習を苦手とする子が一定数いることもわかってきました。まわりに合わせて意見をセーブしたり、まわりに気をつかったりして、創造力をうまく発揮できない可能性が指摘され始めたのです。

「協働的、社会的に学ばないと、真の学習にならない」という意見もありますが、ギフテッドなどの一部の子には、別の学習環境を用意するなど、柔軟に対応した方がよいのです。

このように、教師のもつ哲学は、無意識のうちに子ども対応に反映しています。

教師なら、**哲学をもち、その哲学を自覚することが大切になる**のです。

35

自己評価を高める言葉をかけ続けると、変化は急に訪れる

リーダーとして強力に子どもを引っ張っているけれど…

H先生は、学級のリーダーとして、子どもを力強く引っ張っていかなくてはならないと意識していました。そのため、逸脱行動は見逃さず、注意したり叱ったりしていました。H先生から見て問題行動が多いと感じる子たちを叱る場面が数多くありました。もちろん、叱るだけでなく、ほめようとするのですが、どうしても叱る回数が多くなるのです。またH先生は、リーダーとして、子どもにがんばるよう力強く激励することもありました。

「もっとがんばれ」と発破をかけたり、「こんな成果ではダメだ」と奮起を促したりしました。子どもたちは、H先生のリーダーシップに導かれ、一時的にがんばろうとするのですが、H先生がいないところではさぼりがちになっています。

H先生は、子どもの主体性や意欲を今ひとつ高められていないように感じていました。

》自己評価を高めるための言葉かけを継続する

学級のリーダーは教師です。

リーダーの最も大切な役割と言えるのが、次のことです。

子どもの自己評価を高めること。

ところが、若手教師からの相談では「荒れている子の自己評価を高めることは容易ではない」といった声がよく聞かれます。

子どもは成長過程にいます。いつもよい行動をするわけではありません。いたずらもするし、悪いとわかっていることを行うこともあります。集団の雰囲気に従って、よくない行動を行うこともあるでしょう。どうしても叱らないといけない場面はあります。

ここで発想を変えてみてほしいです。

自己評価を高めることが目的なのですから、**叱る場面でも、自己評価を高めることができると考えたらよい**のです。

よくない行動をしたことに対し、反省を促すことはあります。責任を取らせることもあります。しかし、プライドを傷つけないようにするのです。

例えば、「そんな行動は君らしくないね」「次からはきっと正しく行動できるよ。だって、もともと前向きに行動できる人だから」などと話をすればよいのです。

こう言うと、教師がその子のことを現状より高く評価していることが伝わります。「本当のあなたは、もっとすばらしい人なのだ」と伝えているのです。

つまり、叱ってはいるのですが、その子の自己評価を高める効果を発揮しているのです。自己評価が高まるのですから、その子の自己イメージをよいものに維持できますし、そのよい自己イメージに慣れ親しませることができるのです。

しかも、この叱り方は、プライドを傷つけない工夫がされています。それは、**叱る対象をその子の表面上の態度や行動に限定している**ことです。つまり、人格や能力、未来の可能性は否定していないのです。

「その行動は、こんな理由からよくないと思う」と態度や行動だけ叱られても、プライドは傷つけられないというわけです。

さて、事例では、激励の際に「もっとがんばれ」「こんな成果ではダメだ」と伝えています。この言葉が逆効果になってしまうのは、その子の人格や能力、未来の可能性を否定してしまっているからです。そうなると、プライドを傷つけ、自己評価を下げることがあるのです。

だから激励したいなら、言葉を慎重に選ぶべきです。

例えば「君ならこれぐらいはきっとできる力があるよ」という言葉かけにしたいのです。その子のもつ人格や能力、未来の可能性を肯定的に捉える言葉かけです。

特に教師は、「なぜ」（ＷＨＹ）から始まる問いかけで言葉を発しがちです。

この、「なぜ」型の問いかけには十分注意したいのです。なぜなら、子どもからすると、責任を追及されているように感じるからです。

例えば、宿題や課題の提出を忘れた子がいるとします。悪いことをしたと子どもが思っているところへ「なぜ」と尋ねると、まさに責任を追及されているように思えるのです。

では、悪いことをしていない、普通の場合はどうでしょうか。

部活を休む子がいるとします。このとき「なぜ」と尋ねられると、正当な理由があっても、何か悪いことを責められているように感じてしまいます。普通の場合でも、責められているように思えるのです。

では、よいことをした場合はどうでしょうか。この場合は、「なぜ」と尋ねると、よい効果を発揮します。

「がんばって金賞を獲りました」「今回の試験では成績がかなりよかったんです」とよいことを報告してくれたとします。このときは、「なぜ」と尋ねてよいのです。よいことをした理由を言うのですから、自らのよいところを振り返り、さらに自己評価を高めることができます。

このように「なぜ」から始まる問いかけには注意が必要になります。教師は、言葉かけ1つですら様々な配慮が必要になるのです。


さて、もう1つ大切なのが、**自己評価を高める言葉かけの「継続」**です。

荒れた子、自暴自棄になっている子ほど、自己評価の高まりに時間がかかります。だから私の意識として、「毎日、0・1%でも自己評価が高まったらいい」と考えていました。

日記への返事、連絡帳での保護者の連絡、学級通信、私から本人への手紙など、様々な方法で、その子のがんばりをほめ、認め、励ますということを行っていきました。

毎日たった0・1%でも自己評価が高まったら、1年でずいぶん変わると考えていたのです。

そして、このたった0・1％の自己評価の高まりを継続することが大切だと考えていました。継続していると不思議なことが起きるのです。

最初は、少し自己評価が高まったと思ったけど、次の日には下がった、ということの繰り返しです。

ところが、継続していると、急に変化が訪れるのです。**ある時期から急に自己評価が高まってくる**のです。

荒れて自暴自棄になっていた子が、「自分はもう大丈夫。去年とは違う。生まれ変わった」などと、半年ぐらい経つと言うようになるのです。

毎日少しでよいので、自己評価を高める言葉かけを継続する。その意識がリーダーに求められるのです。

自己評価が高まると、子どもが自分から動くようになります。

よい自己評価や自己イメージが維持されると、それに沿って自然と、その維持イメージに合致した行動を取り始めるからです。

【引用・参考文献一覧】

大前暁政（2024）『本当は大切だけど、誰も教えてくれない　授業力向上　42のこと』明治図書
大前暁政（2023）『心理的安全性と学級経営』東洋館出版社
大前暁政（2022）『まちがいだらけの学級経営　失敗を成長に導く40のアプローチ』明治図書
大前暁政（2022）『できる教師の『対応力』―逆算思考で子どもが変わる―』東洋館出版社
大前暁政（2021）『本当は大切だけど、誰も教えてくれない　授業デザイン　41のこと』明治図書
大前暁政（2021）『教師1年目の学級経営』東洋館出版社
大前暁政（2020）『本当は大切だけど、誰も教えてくれない　学級経営　42のこと』明治図書
大前暁政（2020）『本当は大切だけど、誰も教えてくれない　教師の仕事　40のこと』明治図書
大前暁政（2015）『子どもを自立へ導く学級経営ピラミッド』明治図書
大前暁政（2012）『学級担任が進める通常学級の特別支援教育』黎明書房

おわりに

本書では、「子ども対応」の理論と方法を紹介しました。

実践を通して効果的だった内容のみを紹介しました。

また、様々な具体的な場面における理論と方法を紹介しました。


理論と方法を両方知っておくことのメリットは計り知れません。

まず、学校現場での「適用」がしやすくなります。

様々な状況に応じて適切な対応方法を選択できるようになるからです。

他にもメリットはあります。

それは、「応用」が効くというメリットです。

理論が理解できていると、想定外の状況においても、望ましい対応方法が思いつきやすくなるのです。

その結果、自分なりの対応方法で、よりよい成果を生み出すことができるというわけです。

ぜひ本書の理論と方法を生かし、教育活動を充実させてほしいと願っています。

なお、本書の構成として、最初に失敗事例が数多く出てきました。

失敗事例を知っておくことも、様々な効果を生みます。

まず、自分自身の失敗を回避できるようになります。

同じような失敗をしそうになったとき、踏みとどまることができるようになるのです。

もう1つ効果があります。

それは、「リフレクションの仕方」がわかるということです。

失敗事例から、どんなことが学べるのか、どんなことを反省すればよいのかを、本書にそのまま示してあるからです。

本書を読むことで、リフレクションの仕方も自然と学べるようになっているのです。


本書の執筆に際し、明治図書出版の矢口郁雄氏には、企画から編集まで多大な支援をいただきました。記して感謝申し上げます。ありがとうございました。

※本書で示した研究成果の一部は、JSPS 科研費 JP20K03261の助成を受けたものです。

２０２５年１月

大前暁政

【著者紹介】

大前　暁政（おおまえ　あきまさ）

京都文教大学こども教育学部こども教育学科　教授

岡山大学大学院教育学研究科（理科教育）修了後，公立小学校教諭を経て，2013年４月より京都文教大学に着任。教員養成課程において，教育方法や理科教育に関する教職科目を担当。「どの子も可能性をもっており，可能性を引き出し伸ばすことが教師の仕事」ととらえ，学校現場と連携し新しい教育を生み出す研究を進めている。文部科学省委託体力アッププロジェクト委員，教育委員会要請の理科教育課程編成委員などを歴任。理科の授業研究が認められ「ソニー子ども科学教育プログラム」や「日本初等理科教育研究会優秀論文賞」に入賞。研究分野は，教育方法，理科教育，学級経営，生徒指導，特別支援教育，科学教材，教授法開発，教師教育など多岐にわたる。

主な著書に『本当は大切だけど，誰も教えてくれない　授業力向上　42のこと』『まちがいだらけの学級経営　失敗を成功に導く40のアプローチ』『子どもを自立へ導く学級経営ピラミッド』（以上明治図書），『心理的安全性と学級経営』『できる教師の「対応力」―逆算思考で子どもが変わる―』『教師１年目の学級経営』（以上東洋館出版社），『なぜクラス中がどんどん理科を得意になるのか』（教育出版），『学級担任が進める通常学級の特別支援教育』（黎明書房），『実践アクティブ・ラーニングまるわかり講座』（小学館），『学級経営に活かす　教師のリーダーシップ入門』（金子書房）など多数。

本当は大切だけど、誰も教えてくれない
子ども対応　35のこと

2025年２月初版第１刷刊　©著　者　大　前　暁　政
発行者　藤　原　光　政
発行所　明治図書出版株式会社
http://www.meijitosho.co.jp
（企画）矢口郁雄（校正）大内奈々子
〒114-0023　東京都北区滝野川7-46-1
振替00160-5-151318　電話03(5907)6701
ご注文窓口　電話03(5907)6668

＊検印省略　組版所　株　式　会　社　カ　シ　ヨ

Printed in Japan　ISBN978-4-18-312125-7